Linda Hunt Anton ist Sozialarbeiterin und hat nie ein eigenes Kind gehabt, obwohl sie sich so sehr eine Tochter gewünscht hätte.

Dieses Buch wurde auf chlor- und säurefreiem Papier gedruckt.

Deutsche Erstausgabe April 1994
© 1994 für die deutschsprachige Ausgabe
Droemersche Verlagsanstalt Th. Knaur Nachf., München
Das Werk einschließlich aller seiner Teile ist urheberrechtlich geschützt.
Jede Verwertung außerhalb der engen Grenzen des Urheberrechtsge-
setzes ist ohne Zustimmung des Verlages unzulässig und strafbar. Das
gilt insbesondere für Vervielfältigungen, Übersetzungen, Mikroverfil-
mungen und die Einspeicherung und Verarbeitung in elektronischen
Systemen.
Titel der Originalausgabe »Never to be a Mother«
© 1992 Linda Hunt Anton
Originalverlag Harper San Francisco
Published by arrangement with Harper San Francisco, a division of
HarperCollins Publisher Inc., San Francisco
Umschlaggestaltung: Graupner & Partner, München
Umschlagfoto: The Image Bank / Don Klumpp
Satz: DTP im Verlag
Druck und Bindung: Elsnerdruck, Berlin
Printed in Germany
ISBN: 3-426-84041-3
5 4 3 2 1

Linda Hunt Anton

Abschied vom Kinderwunsch

Ein Ratgeber für Frauen,
die nie Mutter geworden sind

Aus dem Amerikanischen
von Ursula Harzer

Dieses Buch widme ich meinem Mann John,
der Jennys Vater geworden wäre.

Der Kummer über die Kinderlosigkeit ist zu überwinden.
Auch ohne Kinder kann das Leben schön und befriedigend sein.

LINDA HUNT-ANTON

Inhalt

Vorwort

Nahezu ein Drittel meines Lebens war geprägt von der Trauer und der Verzweiflung über meine Kinderlosigkeit.

Ich weiß nicht mehr, ob es von Kindheit an mein Wunsch gewesen war, einmal Mutter zu werden. Höchstwahrscheinlich schon, denn in der kleinen Mormonengemeinde im Süden Utahs, in der ich aufwuchs, waren alle Frauen, die ich kannte – Mutter, Großmütter, Tanten, Nachbarinnen, Freundinnen –, Hausfrauen und mit wenigen Ausnahmen auch Mütter. Frauen hatten zu heiraten und Kinder großzuziehen.

Wenn ich auch keine genaue Vorstellung mehr habe, ob der Wunsch nach einem Kind bei mir immer vorhanden gewesen war, so weiß ich doch bestimmt, daß dieses Thema für mich wichtig wurde, als mein dreißigster Geburtstag näherrückte.

Die Jahre nach dem Abschluß der High-School waren damit ausgefüllt, die Welt außerhalb meines Heimatstädtchens zu entdecken. Es war eine aufregende Zeit, voll lockender neuer Herausforderungen: vier Jahre Utah State University, zwei Jahre Graduate School of Social Work an der University of Washington, Heirat (mit einem Mann, der zwei Kinder aus einer vorhergehenden Ehe hatte), Umzug nach San Francisco, mehrere Jahre der Berufstätigkeit in England. Ich war mit meinem Leben zufrieden – bis ich auf die Dreißig zuging.

Heute ist es nichts Außergewöhnliches, wenn Frauen über Dreißig noch Kinder bekommen. Nicht so zu meiner Zeit. Eine erste Schwangerschaft nach dem dreißigsten Lebensjahr galt als riskant, sowohl für die Mutter als auch für den Fötus. Je näher also mein dreißigster Geburtstag rückte, desto mehr drängte es mich, eine Familie zu gründen. Ich wollte ein Baby, und die Zeit lief mir davon. Mein Mann verhielt sich ambivalent. Er hatte bei seiner Scheidung unter dem Verlust seiner Kinder gelitten und fürchtete, daß ihm das gleiche noch einmal passieren könnte. Außerdem machte er sich Sorgen wegen der Finanzen, da wir an zwei Einkommen gewöhnt waren.

Ich sagte mir, daß ich auch ohne ein Kind ein gutes Leben führen kann, wenn es denn so sein sollte. All die vorhergehenden Jahre hatten wir das doch bewiesen. Im Gegensatz zu meinen beiden Schwestern – die Ältere war zu diesem Zeitpunkt bereits Mutter von fünf, die Jüngere von zwei Kindern (später kamen noch drei weitere dazu) –, hatte sich mein Leben bisher nicht um Kinder gedreht. Ich liebte meinen Beruf als Sozialarbeiterin, ich reiste gern und hatte viele Interessen. Wie gesagt, wenn es sein müßte, könnte ich mein Leben auch ohne Kinder einrichten – aber ich mußte mich entscheiden. Ich wollte nicht weiterhin auf ein Baby hoffen, obwohl es wegen der Ambivalenz meines Mannes kein Baby geben würde.

»Natürlich werden wir Kinder haben, nur jetzt ist nicht der passende Zeitpunkt dafür«, so lautete seine Standardantwort. Ich reagierte mit Wut, Tränen und Enttäuschung, aber ich fügte mich. Wir hörten zwar nicht auf, über das Thema zu sprechen, aber wir drehten uns dabei ständig im Kreis. Und so blieb es die restlichen zehn Jahre unserer Ehe.

Jahre nach unserer Scheidung, als ich mich einer Therapie unterzog, wurde mir klar, daß auch ich unbewußt schuld an meiner Kinderlosigkeit hatte. Weil ich damals nicht stark genug gewesen war, meine Bedürfnisse genauso wichtig zu nehmen wie diejenigen meines Mannes, hatte ich ihm die endgültige Entscheidung überlassen.

Ich habe wieder geheiratet, einen ganz anders gearteten Mann, der sich auf eine neue Familie freute, obwohl er bereits Vater zweier erwachsener Töchter war. Die Aussicht auf ein Baby fand er genauso aufregend wie ich. Er wollte der Vater von Jenny sein, dem kleinen Mädchen, von dem ich all die Jahre geträumt hatte.

Als ich nicht gleich schwanger wurde, konsultierte ich einen in unserem Wohnort praktizierenden Gynäkologen. Er empfahl mir, eine Kurve meiner Basal-Körpertemperatur anzulegen. Gewissenhaft maß ich jeden Morgen meine Temperatur, und wir achteten darauf, genau in der Zeit des Eisprungs Geschlechtsverkehr zu haben. Setzte dann die Periode ein, war die Enttäuschung jedesmal groß. Mit jedem Monat, der verging, wurden wir unruhiger. Wie so viele andere unfruchtbare Paare lernten auch wir diese ständige Berg-und-Tal-Fahrt der Gefühle kennen.

Mein Arzt sah auf mein Drängen schließlich ein, daß die Temperaturtabelle nicht ausreichte. Er empfahl mir einen Eileiter-Insufflations-Test. Dabei wird ein Röhrchen in den Gebärmutterkanal eingeführt und gasförmiges Kohlendioxid in die Gebärmutter geblasen. Auf diese Weise kann man nicht nur erkennen, ob die Eileiter durchlässig sind, es lassen sich auch kleinere Verklebungen der Eileiter beheben, um so die Befruchtung zu erleichtern. »Nach dieser Behandlung klappt es bei den meisten meiner Patientinnen mit einer Schwangerschaft«, erklärte er mir. Während der schmerzhaften Prozedur klammerte ich mich innerlich an diese Worte. Ich wollte alles über mich ergehen lassen, alles, was mir half, schwanger zu werden. Das Ergebnis der Behandlung war vielversprechend – die Eileiter schienen durchlässig zu sein. Ich schöpfte wieder neue Hoffnung. Doch die Monate verstrichen, und ich war immer noch nicht schwanger. Mein Arzt fing an, das Interesse an meinem Fall zu verlieren. Schließlich, so ließ er mich wissen, war ich ja bereits über vierzig Jahre alt. Mein Gott, ich wußte selbst, daß mir nur noch wenig Zeit blieb, und ich hatte fast ein kostbares Jahr verloren.

Nach intensivem Suchen fand ich endlich einen Spezialisten für

Fertilität. Er war sympathisch und machte einen vertrauener-
weckenden Eindruck, aber er war gerade auf dem Sprung in den
Urlaub. Konnte ich eine vierwöchige Verzögerung hinnehmen?
Eigentlich war es bereits unerträglich, nur einen weiteren Tag
zu verlieren. Ich habe trotzdem gewartet. Eine Woche nach
seiner Rückkehr lag ich im Krankenhaus. Bei seinen Vorunter-
suchungen hatte er eine Geschwulst festgestellt, die bösartig sein
könnte. Eine Operation war unumgänglich.

Als der Arzt mir die vor der Operation zu unterzeichnenden
Papiere gab, die ihm erlaubten, die Gebärmutter zu entfernen,
starrte ich wie betäubt darauf. Ich wollte nicht unterschreiben.
Alles in mir sträubte sich dagegen. Doch was sollte ich machen
– ich unterschrieb.

Als man mich zwei Tage später in den Operationssaal brachte,
war ich ganz krank vor Angst. Was würde ich beim Aufwachen
erfahren? Daß ich Krebs habe? Daß man mir die Gebärmutter
entfernt hat? Ich konnte nicht sagen, wovor ich mich mehr
fürchtete.

Ich hatte keinen Krebs. Bei der Geschwulst handelte es sich um
eine Endometriose. Weil der Arzt wußte, daß ich immer noch
auf ein Kind hoffte, und er mir die Chance, schwanger zu
werden, nicht nehmen wollte, verließ ich den Operationssaal
mit intakter Gebärmutter und intakten Eileitern. Er benötigte
fünf Stunden, um die Endometriose, die an einen Eileiter und
andere Organe angewachsen war, zu entfernen.

Nun folgten mehrere Jahre, in denen ich wegen Unfruchtbarkeit
in Behandlung war. Nachdem Tests ergeben hatten, daß bei
meinem Mann keine Probleme vorlagen, konzentrierten sich
alle diagnostischen Maßnahmen auf mich. Jeden Monat wurde
mir in einem medizinischen Labor Blut entnommen, um den
Östrogen- und Progesteron-Spiegel zu bestimmen. Auf diese
Weise konnte der Verlauf meines Eisprungs festgestellt werden.
Als sich zeigte, daß dieser unregelmäßig war, wahrscheinlich

aufgrund eines vorzeitigen Einsetzens der Wechseljahre, erhielt ich zur Regulierung Clomiphen verschrieben.

Ich erinnere mich höchst ungern an diese Jahre – an die Tränen, die Traurigkeit, den Kummer, die nächtlichen Träume, in denen ich glaubte, ein Baby im Arm zu halten, nur um dann mit leeren Armen aufzuwachen. Der Einkauf im Supermarkt wurde zur Tortur, ich ertrug den Anblick der Mütter mit ihren Babys und Kleinkindern nicht. Mein Mann, der auch enttäuscht war, zeigte sich die ganze Zeit über mitfühlend und versuchte, mich zu trösten.

Und dann kam erneut ein operativer Eingriff. Eine Laparoskopie erlaubte es den Ärzten, die Eileiter direkt zu betrachten. Als mein Arzt mir daraufhin sehr lieb und freundlich zu verstehen gab, daß nun beide Eileiter blockiert waren und deshalb eine Empfängnis zwar nicht unmöglich, aber sehr unwahrscheinlich war, wußte ich: »Das ist das Ende.« Ich sagte mir, ich muß mich damit abfinden, nie ein Kind zu haben, nie Mutter zu werden. Mir war klar, daß ein weiteres Hoffen weiteren Schmerz bedeuten würde, und ich entschloß mich, beidem ein Ende zu setzen. Ich habe eine Adoption nie in Erwägung gezogen. Eine Adoption bedeutet Jahre des Wartens, Jahre des Suchens, ohne eine Garantie auf ein Kind, und ich konnte keine weitere Enttäuschung mehr ertragen.

Ich zwang mich, jeden Tag zu mir selbst zu sagen: »Du wirst nie Mutter sein! Du wirst nie ein Kind haben! Akzeptiere es, und nimm dein Leben wieder in beide Hände!« Ich redete mit niemandem über meine Gefühle, nicht einmal mit meinem Mann. Sobald er auf das Thema zu sprechen kam, schnitt ich ihm das Wort ab: »Es hat nicht sein sollen. So ist es eben. Ich möchte nicht darüber reden.«

Erst später ließ ich meinem Kummer freien Lauf. Ich ließ meine Jenny sterben und betrauerte ihren Verlust. Ich begann eine Therapie. Dort lernte ich, meine Rolle in den frühen Jahren meiner Kinderlosigkeit zu verstehen, und ich lernte auch, mir mein damaliges Verhalten zu verzeihen. Mein Entschluß stand fest: Ich wollte nicht, daß meine Kinderlosigkeit mein Leben zerstört. Dieser starke Wille trug viel dazu bei, daß ich einen Weg zur Überwindung dieser großen Enttäuschung gefunden habe.

Obwohl ich es damals nicht wußte, hat dieses Buch seinen Ursprung in den finsteren Tagen jener Zeit, als ich mir zum ersten Mal eingestand, daß ich nie ein Kind bekommen werde. Da ich früher bei anderen Problemen Rat und Trost in Ratgeberbüchern gefunden habe, ging ich in eine große Buchhandlung im Zentrum von San Francisco, in der Hoffnung, ein Buch zu finden, das mir helfen könnte, meine nun endgültige Kinderlosigkeit zu akzeptieren. Ich stöberte in den Regalen mit Frauenbüchern und psychologischen Ratgebern. Ohne Erfolg. Einen der Verkäufer wollte ich nicht um Rat fragen. Wenn ich nicht einmal mit meiner Mutter, meiner Schwester, meinen besten Freundinnen darüber sprechen konnte, wie käme ich dazu, einem Fremden zu sagen: »Ich suche ein Buch, das mir hilft, die Tatsache zu akzeptieren, daß ich nie ein Kind haben werde.«

Als ein junger Verkäufer auf mich zukam, um mir Hilfe anzubieten, schoß mir das Blut in den Kopf. Es war, als ob ein U auf meiner Brust leuchtete: U für unfruchtbar. Stammelnd erklärte ich ihm, was ich suchte, nicht gerade flüsternd, aber doch so diskret wie möglich. Daraufhin diskutierte er mit einem Kollegen meinen Bücherwunsch – in ganz normalem Tonfall, so daß die beiden auch von anderen gehört werden konnten. Ich unterdrückte Tränen der Demütigung, als der Verkäufer mich zu den Büchern über Unfruchtbarkeit führte. Natürlich hatte ich schon Bücher über Unfruchtbarkeit gelesen, einschließlich der Kapitel über die psychischen Auswirkungen der Unfruchtbarkeit und die alternativen Wege zur Mutterschaft. Doch ich würde *nie* Mutter werden! Es war also nicht das, was ich suchte. Ich flüchtete aus dem Laden, ohne ein Buch, ohne eine Hilfe gefunden zu haben. Jahre später, nachdem der Heilungsprozeß bei mir schon weit fortgeschritten war, entschloß ich mich, das Buch zu schreiben, das ich damals gebraucht hätte. Ich wußte, daß andere Frauen es auch brauchen würden.

Meine Geschichte hat noch einen glücklichen Nachtrag. Ich bin zwar nie Mutter, dafür aber Großmutter geworden. Vor einigen Jahren bat mich eine meiner Nichten, die in meiner Nähe wohnt und ein Kind erwartete, Großmutter ihres Babys zu werden, da ihre eigene Mutter, meine Schwester, nicht mehr lebte. Ich war begeistert. Die Geburt ihrer Tochter, meiner ersten Enkelin, war eines der bewegendsten Erlebnisse meines Lebens. Eineinhalb Jahre später gebar eine meiner Stieftöchter ein Mädchen. Dieses Mal waren mein Mann und ich bei dem freudigen Ereignis der Geburt seines ersten und meines zweiten Enkelkindes dabei. Ich habe inzwischen auch noch einen Enkelsohn, das zweite Kind meiner Nichte, und ich muß sagen, ich spiele die Großmutterrolle mit viel Freude.

In den Jahren, in denen ich praktische Sozialarbeit leistete, habe ich sehr oft Therapien mit Frauen durchgeführt – als Einzeltherapie, Gruppentherapie oder als Teil von Familientherapien. Ich wußte, daß Mutterschaft bei vielen Frauen zu ihrer Identität als Frau gehört. Wie, fragte ich mich, hatten andere kinderlose Frauen die Diskrepanz zwischen ihrem Bild von sich selbst, das die Mutterschaft beinhaltete, und der Wirklichkeit, in der diese nicht vorkam, überwunden? Wie, wenn überhaupt, haben sie zu dieser Überwindung gefunden?

Einer meiner ersten Schritte, um darauf eine Antwort zu finden, war folgender: Ich setzte eine Anzeige in eine regionale und drei überregionale Zeitungen mit folgendem Inhalt:

Kinderlos?

Therapeutin sucht Kontakt zu Frauen,
die sich mit ihrer Kinderlosigkeit abgefunden haben, für eine
Studie über die seelischen Auswirkungen
von Kinderlosigkeit auf Frauen,
die Kinder bekommen wollten.

Als nächsten Schritt schrieb ich an die vielen kinderlosen Frauen, die ich persönlich kannte: Verwandte, Freundinnen, Töchter von Freunden, frühere Kolleginnen – alles Frauen, die, meines Erachtens, gerne Kinder gehabt hätten. Ich erklärte ihnen mein Vorhaben und erkundigte mich, ob sie an einer Mitarbeit interessiert wären (eine Kopie des Fragebogens, der den persönlichen oder telefonischen Interviews zugrunde lag und der den Frauen, die nicht direkt befragt werden konnten, zugesandt wurde, befindet sich am Ende des Buches).

Es beteiligten sich die unterschiedlichsten Frauen aus allen Regionen des Landes. Das Alter variierte von vierundzwanzig bis achtundsiebzig und die Ausbildung von der High-School bis zum abgeschlossenen Medizinstudium. Einige waren Hausfrauen, andere berufstätig. Einige wenige hatten nie eine engere Beziehung zu einem Mann gehabt, andere lebten in engen Beziehungen, ohne geheiratet zu haben, andere wiederum waren verheiratet, geschieden oder verwitwet. Ihre Reaktion auf ihre Kinderlosigkeit reichte von tiefem Leid bis zu milder Enttäuschung.

Die geschilderten Lebensgeschichten der einzelnen Frauen sind ein Auszug aus vielen ähnlich gelagerten Fällen. Damit soll zum einen die Identität der interviewten Frauen gewahrt werden. Zum anderen sollen – möglichst prägnant – die gemeinsamen Erfahrungen und Gefühle von vielen Frauen vermittelt werden. Dieses Buch lebt von der Offenheit und Ehrlichkeit dieser Frauen. Ihre Geschichten – ihre Träume, ihr Leid, ihre Kämpfe, ihre Heilungsprozesse – haben mich tief berührt und mich mehr gelehrt, als ich je zu hoffen wagte. Dieses Buch, unser gemeinsames Werk, widme ich allen Frauen, die ein erfülltes und glückliches Leben führen wollen, auch wenn dies ein Leben ohne Kinder sein muß.

Danksagung

Ich möchte all den kinderlosen Frauen, die mir ihre Lebensgeschichte anvertraut haben, von ganzem Herzen danken. Es hat
mich tief bewegt, mit welcher Offenheit sie ihre Erfahrungen
und Gefühle schilderten. Ich habe von ihnen und wir haben
gemeinsam gelernt, welche weitreichenden Auswirkungen Kinderlosigkeit auf das Leben der Frauen hat, die sich Kinder
wünschten. Ihre Berichte machen das Buch lebendig, ihre
Mitwirkung war für mich von unschätzbarem Wert.

Zu Dank verpflichtet bin ich auch meinen drei Freundinnen, die
selbst als Autorinnen arbeiten: Madelon Phillips und J. Renee
Gilbert unterstützten und ermunterten mich immer wieder beim
Entstehen des Buches. Sie lasen mit kritischem Blick das ständig
wachsende Manuskript, und sie sandten Rosen, als sie erfuhren,
daß das Buch erscheinen sollte. Elizabeth Hilmes las meinen
ersten Entwurf und half mir, ein Konzept zu entwickeln.

Außerdem danke ich Kathleen Keady und Marian Cole für ihre
Freundschaft und Hilfe. Sie haben sich, ohne zu zögern, bereit
erklärt, das Manuskript zu lesen und mit mir zu besprechen. Ihre
Einschätzung des Buches aus der Position der kinderlosen Frau
war mir sehr wertvoll.

Tiefe Dankbarkeit empfinde ich auch gegenüber Barbara Moul-
ton, meiner Verlegerin bei Harper San Francisco. Sie war von
der Notwendigkeit dieses Buches überzeugt, und ihre Begeisterung hat nie nachgelassen. Ihrem Rat folgend, habe ich das
Kapitel, das sich mit der Überwindung der Kinderlosigkeit
befaßt, als ein 10-Schritte-Programm dargestellt. Damit wird
den Lesern der Zugang zu meinen Ideen erleichtert.

Dank verdienen auch alle anderen Mitarbeiter bei Harper San Francisco, die mein Buch mit Freuden aufnahmen.

Zum Schluß möchte ich noch meinem Ehemann John danken für sein Interesse, seine Unterstützung und seine Hilfe. Auch er las das wachsende Manuskript und brachte dabei seinen geschulten, logischen Verstand mit ein. Er forderte Klarheit bei Verschwommenheit und eine verständliche Sprache bei psychologischem Fachjargon. Er ermunterte mich bei Verzagtheit. Niemand weiß so gut wie er, was Kinderlosigkeit für mich bedeutet. Er glaubte an das Buch, wie ich auch daran glaubte.

Die biographischen Skizzen in diesem Buch reflektieren genau die Gefühle, Erfahrungen und Lebensumstände der von mir interviewten Frauen, doch wurden alle Namen, Orte und identifizierenden Details geändert.

Wovon handelt dieses Buch, und für wen ist es bestimmt?

Wenn Sie eine Frau sind, die Mutter werden wollte, die sich Kinder gewünscht, aber keine bekommen hat – dann ist dies Ihr Buch.

Ungewollte Kinderlosigkeit findet man bei allen religiösen, rassischen, ethnischen Gruppen, in allen Bildungs- und sozialen Schichten. Schon immer und überall mußten sich Frauen, die gern Kinder gehabt hätten, mit ihrer endgültigen Kinderlosigkeit abfinden.

Bei kinderlosen Frauen denken die meisten Menschen an unfruchtbare verheiratete Frauen. Unfruchtbar zu sein ist für diese Frauen heutzutage besonders schmerzlich, berichten die Medien doch fast täglich von all den medizinischen Wundertaten, die Frauen zu Kindern verhelfen, wie Hormonpräparate, In-vitro-Fertilisation, künstliche Insemination und Embryo-Transplantation.

Doch diese, trotz aller medizinischen Fortschritte, kinderlosen Frauen sind nicht die einzigen, die nie Mutter sein dürfen.

Viele alleinlebende Frauen sehnen sich nach Kindern, ebenso Frauen mit gesundheitlichen Problemen oder körperlichen beziehungsweise geistigen Behinderungen. Wenn Frauen mit Männern liiert sind, die bereits Kinder haben und keine weiteren mehr möchten, müssen sie wählen zwischen dem Mann, den sie lieben, und ihren ungeborenen Kindern. Frauen, die sich nicht aus zerrütteten Beziehungen lösen können, verzichten auf Kinder, weil sie diesen kein Umfeld anzubieten haben, in dem sie wachsen und gedeihen können. Lesbische Frauen bekommen immer noch nur selten Kinder. Nonnen, die ihr Leben Gott weihen, sehnen sich vielleicht nach einem eigenen Kind. In der Tat, es gibt viele Ursachen für Kinderlosigkeit.

Frauen, für die dieses Buch nicht bestimmt ist

Manche Frauen werden Mütter durch Adoption. In gewisser Beziehung ähneln ihre Erfahrungen denen der kinderlosen Frauen, über die in diesem Buch berichtet wird. Ihre Sehnsüchte und Frustrationen, bevor sie ein Kind adoptiert haben, waren die gleichen. Zudem gibt es Frauen, die sich auch nach einer Adoption noch immer nach einem eigenen Kind sehnen. Wenn auch mancherlei Ähnlichkeiten bestehen, so gibt es doch einen großen Unterschied: Frauen, die sich zur Adoption entschließen, werden Mütter und haben Kinder.

Wenn ich von *kinderlosen Frauen* spreche, denke ich an Frauen, die immer kinderlos bleiben.

Andere Frauen wiederum verzichten freiwillig auf Kinder. Sie wollen keine Mütter werden. Auch sie gehören nicht zu den kinderlosen Frauen, über die ich hier schreibe. *Wenn ich mich in diesem Buch auf kinderlose Frauen beziehe, meine ich Frauen, die eigene Kinder bekommen wollten. Frauen die keine Kinder wollten, schließe ich hier aus.* Mutterschaft kann eine schöne und beglückende Erfahrung sein, aber sie ist nicht der einzige Weg, der Frauen ein ausgefülltes, zufriedenstellendes Leben bietet. Frauen, die sich gegen Kinder entschieden haben, erfahren ihre Kinderlosigkeit anders als Frauen, die Kinder wollten. Sie haben das Leben, das sie gewählt haben (zumindest auf diesem Gebiet), und können die Vorteile, die ein Leben ohne Kinder bietet, ausnutzen, während die ungewollt kinderlosen Frauen sich mit der zweiten Wahl, nämlich keine Kinder zu haben, zufriedengeben müssen.

Kinderlose Männer

Dieses Buch bezieht sich auf kinderlose Frauen. Das will aber keinesfalls heißen, daß kinderlose Männer, die gern Väter geworden wären, sich weniger nach Kindern sehnen oder weniger unter ihren unerfüllten Träumen leiden. Auch sie sind enttäuscht und empfinden es als einen Verlust. Weil aber die traditionelle Rolle der Frau diejenige der Ehefrau und Mutter ist, während Männern die Rolle des Ernährers zugedacht ist, besteht ein Unterschied zwischen der Kinderlosigkeit von Männern und Frauen. Kinderlosigkeit trifft Frauen ins Herz und erschüttert einen elementaren Bestandteil ihrer weiblichen Identität. Vermutlich brauchen auch Männer, die sich Kinder wünschten, Hilfe, um ihre Enttäuschung zu überwinden. Vielleicht können einige Gedanken aus diesem Buch auch ihnen hilfreich sein. Da ich jedoch eine kinderlose Frau bin und mich mit den Gefühlen der Frauen identifiziere, schreibe ich dieses Buch für die kinderlose Frau.

Kinderlose Männer

TEIL I
Der Verlust

Der Traum vom Kinderkriegen, vom Muttersein, ist tief in uns verwurzelt. Frauen, die sich Kinder wünschen, hegen und pflegen diesen Traum und sind überzeugt, daß er eines Tages wahr wird. Aber nicht immer wird aus Träumen Wirklichkeit. Wenn der Traum vom eigenen Kind stirbt und endlich auch begraben wird, empfinden kinderlose Frauen dies als Verlust, der sie tief berührt und lange schmerzt. Wer sich eingestehen muß »Ich werde nie ein Kind haben, ich werde nie Mutter sein«, weiß, wie stark, ja manchmal unerträglich, dieser Verlust sein kann.

Viele Menschen glauben, man müsse vorher etwas besessen haben, um einen Verlust zu empfinden, wie wenn zum Beispiel ein geliebter Mensch stirbt. Das Gefühl von Verlust entsteht jedoch auch, wenn wir das, was unser Herz sich wünscht, nicht erhalten. Weil dieser Verlust – die Sehnsucht nach etwas, was nie sein wird – weniger greifbar, weniger sichtbar ist, wird er leicht ignoriert oder minimalisiert. Aber es gibt ihn dennoch.

Es ist ein wirklicher Verlust. Denn die Kinder, die in unserem Herzen leben, sind wirklich. Wir sehen sie vor uns. Wir wissen, wie sie aussehen, ob sie blonde oder dunkle Haare haben, ob es ein Junge oder ein Mädchen ist. Und wir sehen uns selbst als Mütter – wie wir ein Baby im Arm halten, wie wir es füttern, es baden. Wir sehen uns, wie wir einer Tochter die Haare kämmen, einem Sohn das Lesen beibringen, mit unseren Kindern zum Strand gehen … Manche Frauen fühlen sich als Mütter, als Mütter ohne Kinder.

Verborgenes Leid, stiller Schmerz

»Schaffe mir Kinder, wenn nicht, so sterbe ich«, schrie Rahel im 1. Buch Mose, 30,1. Wie Rahel lassen manche Frauen ihrem Kummer freien Lauf. Ihre Tränen der Enttäuschung und ihr Schmerz sind für alle sichtbar. Die meisten kinderlosen Frauen jedoch zeigen ihre Enttäuschung, ihren Kummer nicht. Sie gehen ihren täglichen Pflichten nach, ohne daß ihnen etwas anzumerken ist. Sie reden nicht über ihren Verlust, nicht einmal mit ihren engsten Freunden oder mit ihrer Familie. Es ist ein stiller, verborgener Schmerz, den niemand kennt, außer der betroffenen Frau selbst.

Viele Frauen fühlen sich zu verwundbar, um ihre Gefühle mit anderen zu teilen. Auch mir ging es so. In anderen Situationen konnte ich Kummer, Leid und Schmerz mit meiner Familie und mit Freunden teilen. Als meine Schwester starb oder in den Zeiten meiner Scheidung, weinte und trauerte ich – und ich suchte Hilfe und Trost bei meiner Familie und bei Freunden. Ganz anders war es bei meinem vergeblichen Hoffen auf ein Kind. Bei diesem für mich größten Schmerz konnte ich mich nur an meinen Mann wenden. Niemand sonst wußte, daß ich nachts von Babys träumte, um dann nach dem Aufwachen noch stundenlang zu weinen. Ich erzählte niemandem, daß ich es haßte, in den Supermarkt zu gehen, weil mich der Anblick der Frauen mit ihren Kindern im Einkaufswagen schmerzte.

Natürlich müssen wir nicht alle Gefühle, jeden Aspekt unseres Lebens mit anderen teilen. Wenn wir aber im verborgenen leiden, verschließen wir uns der Hilfe und Unterstützung der uns Nahestehenden. Diese fragen sich vielleicht, ob wir wohl gern

Kinder gehabt hätten, ob wir unter unserer Kinderlosigkeit leiden, da sie aber spüren, wie heikel das Thema ist, halten sie sich zurück, um nicht aufdringlich oder gefühllos zu wirken. In unserer Gesellschaft wird so selten über Kinderlosigkeit gesprochen, daß es beinahe zu einem Tabuthema geworden ist. Weder die betroffenen Frauen selbst noch die ihnen Nahestehenden können ohne Scheu darüber reden.

Eine Enttäuschung, die lange währt

Nur wenige wissen, wie lange Frauen unter ihrer Kinderlosigkeit leiden. Es kann fünfzehn oder zwanzig Jahre der wunde Punkt im Leben einer Frau sein, manchmal dauert es noch länger, unter Umständen sogar ein Leben lang. Frauen in den Siebzigern haben mir in meinen Interviews erzählt, daß sie noch immer ab und zu traurig sind, weil sie keine Kinder und keine Enkel haben. Frauen in den Fünfzigern erinnern sich noch, wie viele Kinder sie gern gehabt hätten, und sie wissen oft noch die Namen, die sie für die Kinder ausgesucht hatten. Beim Schreiben dieses Buches wurde mir klar, daß nahezu ein Drittel meines Lebens vom Kummer über meine Kinderlosigkeit geprägt war. Wenn man bedenkt, wie lange eine endgültige Kinderlosigkeit das Leben vieler Frauen belastet, ist es erstaunlich, wie wenig diesem Thema Beachtung geschenkt und wie wenig Hilfe angeboten wird.

Mutterschaft wird vorausgesetzt

Es überrascht nicht, daß Kinderlosigkeit unser Leben stark und dauerhaft belastet, sind doch von jeher Mutterschaft und weibliche Identität untrennbar miteinander verbunden. Ehefrau und

Mutter, das sind seit Jahrhunderten die wichtigsten Rollen, die eine Frau auszufüllen hat. Selbst heute wird eine Frau, die kein Kind haben möchte, von vielen als abnormal eingestuft. Frauen haben Mütter zu sein, das ist nun einmal üblich. (Eine Anzahl der von mir befragten Frauen hat gegen diese Erwartung rebelliert. Mit der Frauenbewegung ist auch das Bewußtsein über den Druck, mit dem unsere paternalistische Gesellschaft Frauen in die Mutterrolle zwingt, geschärft worden. Diese Frauen waren also entschlossen, sich nicht in das vorgegebene Schema pressen zu lassen. Um so mehr erstaunte, ja amüsierte es sie, als sie sich plötzlich selbst sehnlichst ein Kind zu wünschen begannen. Das geschah meist um das dreißigste Lebensjahr und hatte nichts zu tun mit den Erwartungen der Gesellschaft. Es war vielmehr ein rein biologisches und psychologisches Bedürfnis.)

Die meisten von uns nehmen als Mädchen und junge Frauen an, daß sie einmal Mutter werden würden. Viele sind sich dessen sogar ganz sicher. Manche bezeichnen es auch als ihr Ziel, vielleicht sogar als das wichtigste Ziel ihres Lebens.

Es ist der Traum vieler kleiner Mädchen, eines Tages eine Mutter zu sein und selbst Babys und Kinder zu haben. Wir spielten mit unseren Puppen, fütterten sie, wiegten sie in den Schlaf und schimpften mit ihnen. Als Teenager und junge Frauen träumten wir von der großen Liebe, vom Heiraten und von einer eigenen Familie. Niemals kam es uns in der unbekümmerten Zeit unserer Jugend und unseres jungen Erwachsenenalters in den Sinn, daß wir keine Kinder haben könnten. Wir waren überzeugt, sobald wir dazu bereit wären, unsere Kinder zu dem von uns gewählten Zeitpunkt in die Welt setzen zu können.

Die Realität drängt sich auf

Man kann auf mehrere Arten mit der Realität der Kinderlosigkeit konfrontiert werden. Manchmal schleicht sie sich langsam mit den Jahren ein. Ledige Frauen, die anfangs noch zuversichtlich glaubten, daß sie einmal heiraten und Kinder haben würden, beginnen sich im Verlauf der Jahre etwas zu wundern. »Es ist immer noch genügend Zeit«, beruhigen sie sich, wenn sie Ende Zwanzig sind. Nach dem fünfunddreißigsten Lebensjahr beginnen ihre Hoffnungen zu schwinden, und sie fangen an, die Realität zu akzeptieren. Sie sagen sich dann: »Vielleicht wird mein Leben anders verlaufen.« Diese Frauen begreifen die Realität allmählich im Laufe der Jahre.

Andere wiederum werden von heute auf morgen mit der Realität konfrontiert. Sie müssen sich ganz unerwartet die Gebärmutter herausoperieren lassen, oder es wird ihnen die Diagnose einer angeborenen Sterilität gestellt, oder eine nicht erkannte Eileiterschwangerschaft kommt zum Durchbruch. Die Frauen sind wie vor den Kopf gestoßen. Sie haben keine Zeit, sich mit dem Gedanken der Kinderlosigkeit vertraut zu machen. Die Tatsache, daß sie nie ein Kind haben werden, bricht ganz plötzlich über sie herein.

Für unfruchtbare Frauen ist die Realität ein endloses Wechselbad der Gefühle. Sie (und ihre Partner) schöpfen mit jedem vielversprechenden neuen Medikament, jeder neuen Behandlungsmethode neue Hoffnung, auf die mit jedem Einsetzen der unwillkommenen Menstruation unweigerlich die große Enttäuschung folgt. Auch die Frauen, die zwar keine Probleme haben, schwanger zu werden, aber jedesmal eine Fehlgeburt erleiden, kennen diese emotionalen Höhen und Tiefen. Bei jeder neuen Schwangerschaft hoffen sie erneut, diesmal das Kind austragen zu können. Diese Hoffnung verwandelt sich in Enttäuschung, sobald es wieder zu einer Fehlgeburt kommt.

Unterschiedliche Empfindungen

Kinderlosigkeit hat nicht für jede Frau dieselbe Bedeutung. Ihre Reaktion, Ihre Empfindung von Verlust, hängt in vielerlei Hinsicht von den gesellschaftlichen, psychologischen und familiären Einflüssen ab, die Sie zu der Person gemacht haben, die Sie heute sind. Manche Ihrer Empfindungen und Gefühle gleichen jedoch denen anderer kinderloser Frauen.

Die erste Frau, die ich interviewte, eine achtundsiebzig Jahre alte Freundin, meinte gleich zu Beginn: »Ich wollte zwar Kinder, aber ich gehörte nie zu den ›Besessenen‹.« Ich wußte sofort, was sie damit meinte, denn ich gehörte zu den »Besessenen«.

Es ist zwar eine stark vereinfachende Unterteilung, aber die meisten kinderlosen Frauen können in zwei Kategorien aufgeteilt werden: In diejenigen, die ihre Kinderlosigkeit als großes Unglück empfinden und eine gewisse Zeit ihres Lebens deshalb verzweifelt sind, und diejenigen, für die es lediglich eine mittlere Enttäuschung darstellt. Frauen, denen ein Leben ohne Mutterschaft sinnlos erscheint, sind bei dem Gedanken, nie ein Kind zu haben, am Boden zerstört, während Frauen, die zwar gern ein Kind gehabt hätten, aber wissen, daß sie auch ohne Kinder ein erfülltes Leben haben werden, auf ihre Kinderlosigkeit lediglich mit einer vorübergehenden Wehmut reagieren. Die Skala reicht also von milder Enttäuschung bis zu tiefem Schmerz.

Kinderlosigkeit wird nicht nur von jeder Frau anders empfunden, sie wird auch von derselben Frau in bestimmten Lebensabschnitten anders empfunden. Beeinflußt wird dies vom Alter der Frau, ihrem Familienstand, ihrer Zufriedenheit im Beruf und mit dem Leben im allgemeinen. So kann eine Frau von Anfang bis Mitte

Zwanzig, die gern Kinder möchte, mit ihrem Leben hochzufrieden sein – sie ist beruflich erfolgreich, besitzt eine eigene Wohnung, reist viel, hat ein zufriedenstellendes Liebesleben und viele Freunde. Ihre Kinder hat sie für später eingeplant. Wenn dieselbe Frau auf die Fünfunddreißig zugeht, ohne Aussicht auf ein Kind, wird sie allmählich unruhig oder gerät gar in Panik, denn sie spürt, wie ihre »biologische Uhr« immer lauter zu ticken beginnt. Ende Dreißig bis Anfang Vierzig überfällt sie dann eine tiefe Traurigkeit oder gar Depression, da sie ihre Kinderlosigkeit als großen Verlust empfindet. In den Jahren zwischen fünfzig und siebzig wiederum mißt sie ihrer Kinderlosigkeit keine so starke Bedeutung bei – sie findet Erfüllung in anderen menschlichen Beziehungen und genießt die Freiheit, sich selbst entfalten und neue Seiten an sich entdecken zu können. Im Alter kann sich das Blatt jedoch erneut wenden. Nach dem Verlust des Partners und/oder Freunden hat sie erneut das Gefühl, für niemanden wichtig zu sein. Sie sehnt sich wieder nach Kindern – jetzt vielleicht auch nach Enkelkindern –, die die Leere und Einsamkeit in ihrem Leben vertreiben könnten.

Kinderlosigkeit, die als Trauma erlebt wird

Eine als Trauma empfundene Kinderlosigkeit kann das Leben in den Grundfesten erschüttern. Es kommt zu Ausbrüchen von Verzweiflung und Wut, zu Schuldgefühlen, Selbstmitleid, Neid und Eifersucht. Auch leichte bis schwere Depressionen sind nicht selten.

Vor Jahren sah ich in der holländischen Stadt Rotterdam das »Mahnmal für eine verwüstete Stadt«. Es soll an die Zerstörung Rotterdams durch Bomben während des Zweiten Weltkriegs erinnern und zeigt eine überlebensgroße menschliche Figur, die sich, die Arme zum Himmel gestreckt, vor Schmerzen krümmt und windet. In der Mitte des Körpers, dort, wo sonst die lebenswichtigen Organe sind, ist ein gähnendes Loch. Genauso fühlen sich viele Frauen in der Zeit, in der sie ihre Kinderlosigkeit als Trauma erleben.

Die von mir interviewten Frauen haben mündlich und schriftlich ihre Gefühle geschildert. Nachfolgend gebe ich ihre Reaktionen auf ihre Kinderlosigkeit wörtlich wieder. Sie sollten beim Lesen jedoch nicht vergessen, daß die geäußerten Gefühle oft irrational sind.

Trauer und Verzweiflung

– »Manchmal überwältigt mich plötzlich der Schmerz, und ich fühle ihn körperlich. Mein Herz schmerzt. Am schlimmsten ist dieses Gefühl der Einsamkeit, dieses Gefühl, daß mir etwas fehlt. Es ist ungefähr so, wie wenn man eine Zwillingsschwester hat, die eigentlich hier sein sollte, es aber nicht ist.«

– »Ich glaube, meine Hoffnungslosigkeit und allgemeine Enttäuschung vom Leben ist hauptsächlich auf meine Kinderlosigkeit zurückzuführen. Ich leide sehr stark unter dem Gefühl, von niemandem gebraucht zu werden.«

– »Ich habe große Schwierigkeiten, mich damit abzufinden. Ich weine viel und bedauere mich selbst. Ich glaube, niemand versteht meine Gefühle. Es ist, als ob man in einem Zimmer voller Menschen ist und doch ganz allein. Immer wenn ich jemanden mit einem Baby sehe, überkommt mich der Schmerz. Ich weine um etwas, was nie sein wird.«

– »Man sagt, die Zeit heilt alle Wunden. Aber ich glaube, diese Wunde wird niemals heilen, gleichgültig, wieviel Zeit darüber hinweggeht. Manchmal versuche ich mir einzureden, daß ich froh sein sollte, keine Kinder zu haben. Aber wem mache ich da etwas vor? Doch nur mir selbst. Diese Leere wird immer dasein.«

– »Ich fühle mich innerlich leer. Ich fühle mich einsam. Ich bin todtraurig. Ich hatte auch schon Selbstmordgedanken. Es ist ein nie nachlassender Schmerz.«

– »Als meine Unfruchtbarkeit zur Gewißheit wurde, fiel ich in eine Depression. Niemand durfte mir helfen, nicht einmal mein Mann. Ich erlitt einen Nervenzusammenbruch. Ich stürzte mich in ein Verhältnis, weil ich dachte, daß ich von einem anderen Mann schwanger werden könnte. Ich rauchte eine bestimmte Sorte Marihuana. Ich war nur noch ein Häufchen Elend. Es war die reine Hölle.«

– »Der Schmerz vergeht, der Verlust bleibt immer.«

– »Ich erwarte nichts mehr von der Zukunft. Ich werde nie mehr diese Freude und dieses Hoffen erleben wie in der Zeit, als ich schwanger war.«

– »Weil ich kein Kind bekommen kann, ist mein Glaube an das Leben und an die Welt erschüttert. Ich dachte immer, wir könnten bestimmen, wie unser Leben zu sein hat. Ich kann das einfach nicht verstehen. Wenn Menschen wie wir, die so viel Liebe und Geborgenheit geben könnten und die sich so sehnlichst ein Kind wünschten, keines bekommen, dann ist dies keine gerechte Welt.«

Schuld und Selbstanklage

– »Ich gab mir lange Zeit selbst die Schuld. Ich tue das immer noch, aber ich versuche damit aufzuhören, denn es ist nicht mein Fehler. Zumindest sage ich mir das, aber ich glaube es nicht wirklich.«

– »Wer weiß, vielleicht ist es eine Art Gottesurteil. Irgend so etwas muß es doch sein. Vielleicht lautet mein Schuldspruch:

›Du bist keine Mutter, weil du keine gute Mutter geworden wärst.‹«

– »Ich ging zu einem Therapeuten. Er ließ mich zu dem Kind sprechen, denn ich konnte es sehen, das kleine Mädchen, das ich gehabt hätte. Ich fühlte mich schuldig, weil ich kein Kind auf die Welt bringen konnte. Ich fühlte, daß es ein Kind gab, das auf die Welt kommen wollte, nur ich konnte ihm nicht dazu verhelfen. Mit mir scheint etwas nicht zu stimmen. Ich konnte diesem Kind nicht das geben, was es sich wünschte. Es war, als ob ich es aussetzte, bevor es auf die Welt gekommen war.«

– »Ich habe das Gefühl, keine vollständige Frau zu sein. Von einer Frau wird in der Regel erwartet, daß sie Kinder bekommen kann.«

– »Ich bin einfach nicht normal. Kinderlose Frauen sind nicht normal. Deshalb wissen die Leute auch nicht, wie sie mit uns reden sollen.«

– »Man gibt sich selbst die Schuld. Ich fühle mich verantwortlich dafür, daß meine Schwangerschaften als Fehlgeburten endeten. Ich muß irgend etwas falsch gemacht haben.«

Wut

– »Ich habe eine Wut in mir und weiß nicht, wie ich damit umgehen soll. Ich bin wütend auf die Welt und ihre Ungerechtigkeit. Es ist so frustrierend, weil man nicht weiß, auf wen man wütend sein kann. Es gibt keinen Bösewicht.«

– »Manchmal lasse ich meine Wut an Menschen aus, die das haben, was ich nicht habe.«

– »Ich werde so wütend, wenn ich von Eltern lese, die ihre Kinder mißhandeln oder ihre neugeborenen Babys aussetzen. Warum haben diese Leute Kinder und ich nicht?!«

Das Gefühl, betrogen worden zu sein

– »Ich kann nichts dafür, aber ich glaube, daß viele Frauen sich
  von der Natur, oder was immer das für eine Macht ist,
  betrogen fühlen.«
– »Höhere Mächte oder unser eigener Körper haben uns betrogen.«

Verwundbarkeit

– »Ich glaube, es gibt keinen Bereich, in dem man verwundbarer
  ist. Irgendwie ist es, als ob man über sein eigenes inneres Kind
  spricht.«
– »Gerade weil es so etwas Persönliches ist, zeigt man es nicht
  nach außen. Die Leute denken deshalb, daß es einem nichts
  ausmacht, ja, sie scheinen es sogar für selbstverständlich zu
  halten, daß es einem nichts ausmacht.«
– »Ich mag nicht über meinen Kummer sprechen, nicht einmal
  in der Therapie. Als Kind sah ich mich im Traum immer
  wieder nackt vor der Klasse stehen. So ähnlich käme ich mir
  dabei vor. Wenn ich den Schmerz über meine Kinderlosigkeit
  an die Oberfläche kommen lasse, bin ich so verwundbar.«

Scham und das Gefühl, ein Außenseiter zu sein

– »Ich ging zu einer Selbsthilfegruppe. Aber mein Gefühl der
  Scham ist geblieben. Es ist, als ob ich keine vollständige
  Person bin, als ob mir etwas fehlte. Ich schäme mich deswe-
  gen. Ich muß es geheimhalten.«
– »Ich hasse es, zum Frauenarzt zu gehen. Überall hängen diese

Baby-Fotos. Es ist, als ob jede Frau ein Baby haben muß. Es ist, als ob Frauen Gebärmaschinen sind und ich eine Maschine mit defekten Teilen bin.«

– »Überall, wo ich hingehe, scheint sich alles um Kinder zu drehen. Ich bin in einer Altersgruppe, in der alle anderen Babys haben.«

– »Wenn man keine Kinder hat, denken die anderen, man mag keine Kinder, sei nicht fürsorglich oder sei egoistisch und möchte seine Ungebundenheit nicht aufgeben. Es kommt ihnen nicht in den Sinn, daß man vielleicht keine Kinder kriegen kann.«

– »Ich hasse es, wenn ich gefragt werde: ›Wie viele Kinder haben Sie?‹ oder ›Wollen Sie keine Kinder haben?‹«

– »Das schlimmste war für mich der Muttertag. Jedes Jahr am Muttertag schickten meine Stiefkinder ihrer leiblichen Mutter Karten. Ich habe das wirklich gehaßt. Es ging so weit, daß ich an diesem Tag von zu Hause fortgegangen bin. Ich konnte es nicht mehr aushalten.«

Vielleicht hatten Sie so ähnliche Gefühle. Jede Frau erlebt ihre Kinderlosigkeit anders. Aber es ist sicherlich hilfreich, zu wissen, daß Wut, Scham oder Verzweiflung in dieser Situation nichts Außergewöhnliches sind.

Die wichtigsten Arten von Verlust

Verlust von Liebe

Verlust, das ist der Begriff, der die Erfahrung von kinderlosen Frauen am besten beschreibt. Der größte Verlust ist der Verlust von Liebe: Liebe, die wir unseren Kindern geben, und Liebe, die wir von unseren Kindern empfangen könnten. Kinderlosigkeit bedeutet Verzicht auf bleibende, bedingungslose Liebe. Mutterliebe, das ist allgemein anerkannt, ist die selbstloseste, tiefste Liebe, deren wir Menschen fähig sind. Zu allen Zeiten haben die Menschen von den starken Banden, die zwischen Mutter und Kind bestehen, gewußt. Viele Dichter und Denker haben diese Tugenden gerühmt.

Oft halten die Mutter-Kind-Bande länger als jede andere Verbindung, länger als Freundschaften und länger als viele Ehen. Eine Frau drückte es so aus: »Ehemänner kommen und gehen, doch Kinder bleiben einem immer.« In unseren ersten Lebensjahren befriedigen die Mütter unser Grundbedürfnis nach Liebe und Geborgenheit. Die Mutter-Kind-Beziehung ist daher auch das Symbol für Liebe und Geborgenheit. Für Frauen, denen ihre Mütter weder das eine noch das andere geboten haben, mag diese Symbolik mehr Fiktion als Realität sein. Sie wissen andererseits jedoch, daß eine gestörte Mutter-Kind-Beziehung sich oft ein Leben lang auswirkt. Die Mutter-Kind-Bande können selbst über das Grab hinaus fortdauern. Ich denke da an meinen Mann, der oft einen Satz mit den Worten einleitet: »Meine Mutter, die eine kluge Frau war, hat immer gesagt …«, oder an einen Freund, dessen häufige Redensart lautet: »Meine Mutter pflegte zu sagen …« Wenn ich selbst eine Aufmunterung brauche, koche ich ein Gericht nach einem Rezept meiner Mutter, woraufhin ich mich dann tatsächlich besser fühle. Und sehnen wir uns nicht alle, wenn wir krank zu Hause liegen und sich niemand um uns kümmert, nach der einstigen liebevollen Pflege unserer Mütter? Doch das vielleicht ergreifendste Beispiel für die dauerhaften Mutter-Kind-Bande findet man in den Altersheimen, wo verwirrte alte Damen verzweifelt nach ihren Müttern suchen.

Verlust von Freundschaft, Verlust von Unterstützung

Ein weiterer schwerwiegender Verlust ist es, auf die Freundschaft eines erwachsenen Kindes verzichten zu müssen. Dieser Verlust kommt uns besonders zu Bewußtsein, wenn wir die Lebensmitte erreichen. Als Kind oder junges Mädchen hatten viele von uns keine allzugute Beziehung zu ihren Müttern. Doch später, im Erwachsenenalter, bringen wir – von wenigen Ausnahmen abgesehen – mehr Verständnis und mehr Wertschätzung für unsere Mütter auf. Wir sehen, daß sie ihr Bestes taten, berücksichtigt man ihren Charakter und ihre Lebensbedingungen. Unsere Mütter werden zu Freundinnen, und wir wären glücklich, wenn auch wir uns einst der Freundschaft eines erwachsenen Kindes erfreuen könnten.
Und es ist nicht allein die Freundschaft, die wir vermissen. Kinderlos zu sein bedeutet auch das Fehlen eines wichtigen emotionalen Auffangnetzes. In Krisenzeiten, wie zum Beispiel bei einer Scheidung, bei Arbeitslosigkeit oder bei der Diagnose einer lebensbedrohenden Krankheit, sind Kinder und Enkel eine Quelle des Trostes und der Hilfe. Im Alter – falls wir es erleben – lassen unsere Sinne nach, wir werden unbeweglicher, und die körperlichen Kräfte schwinden. Alte Menschen sind im allgemeinen schneller gekränkt, weniger aktiv und anfälliger für

Krankheiten. Einsamkeit wird dann gern zum ständigen Beglei-
ter. In dem Moment, wo unsere Eltern älter und hilfsbedürftiger
werden, fangen auch wir an, an unser eigenes Alter zu denken.
Wir stellen uns dann die Frage: »Wer wird einmal für uns dasein?«
Wenn Eltern sterben, wenn wir einen Partner verlieren, sehnen
wir uns nach der Liebe und Hilfe, die Kinder und Enkel geben
könnten.

Verlust der Kontinuität

Wie alle Lebewesen unterliegen auch wir Menschen dem uner-
bittlichen Kreislauf der Natur. Auch wir sind Teil der Erde. So
wie die Pflanzen im Frühling zu wachsen beginnen, im Som-
mer ihre Reife erlangen, im Herbst verblühen und im Winter
absterben, um dann im nächsten Frühling erneut zu sprießen,
so beginnen auch wir als Babys, wachsen und entwickeln
uns, erlangen unsere Reife, altern und sterben. Neue Babys
werden geboren, und der Kreislauf beginnt von vorn. Wir
erkennen unseren Platz in diesem Kreislauf, wenn wir uns
unsere Eltern, Großeltern, deren Eltern und Großeltern, die vor
uns lebten, betrachten, Frauen mit Kindern beobachten und
erleben, wie sich dieser Kreislauf über ihre Kinder, Enkel und
Urenkel in die Zukunft fortsetzt. Der kinderlosen Frau hingegen
fehlt diese Vision. Wenn sie älter wird, wenn ihre Eltern alt
werden und sterben, wird der Kreislauf unterbrochen und mit
ihr enden.

Der Verlust der Kontinuität der Generationen ist besonders
schmerzlich für eine kinderlose Frau, die selbst adoptiert wurde.
Auch wenn sie ihre Adoptiveltern und -geschwister sehr liebt,
vermißt sie doch die Kontinuität innerhalb der Familie, die vor
ihr war und die nach ihr kommt. Sie hat keine Blutsbande, weder
in der einen noch in der anderen Richtung. Eine Frau sagte mir:

»Mein ganzes Leben wünschte ich mir, meine leiblichen Eltern kennenzulernen. Ich sehnte mich nach meinen Wurzeln. Nun bin ich kinderlos und vermisse meine Verbindung zur Ewigkeit. Ich habe also einen doppelten Verlust erlitten.«

Verlust einer Erfahrung

Frauen, die sich Kinder wünschten, wissen, daß ihnen durch ihre Kinderlosigkeit eine der schönsten, anspruchsvollsten und lohnendsten Erfahrungen, die das Leben zu bieten hat, entgangen ist. Ein Kind auszutragen ist für Frauen ein natürlicher Bereich des Lebens. Oft sehnt sich der Körper der kinderlosen Frau nach dem biologischen Vorgang der Schwangerschaft, Geburt und Stillzeit. Ihre Arme und ihr Schoß verlangen nach einem Baby, das man streicheln und liebhaben kann.

Es ist eine schöne Aufgabe für die Frau, Kinder großzuziehen und dafür zu sorgen, daß aus Babys selbstsichere, zufriedene und leistungsfähige Menschen werden. So wie das junge Mädchen die Welt um sich herum kennenlernt und Erfahrungen in den Beziehungen zu ihren Altersgenossen sammelt, um dann ihre eigene Identität zu finden, so lernt und reift die erwachsene Frau durch die Mutterschaft. Kinderlosen Frauen entgeht eine ihrem Alter entsprechende, anspruchsvolle Aufgabe, an der sie wachsen können.

Zehn Schritte
zur Überwindung der Kinderlosigkeit

Auch wenn Kinderlosigkeit als traumatisch empfunden wird und das Gefühl des Verlustes tief und dauerhaft ist, gibt es Wege, die zur Überwindung führen. Überwindung heißt: Lernen, eine große Enttäuschung in Ihrem Leben hinzunehmen. Abhängig von der Intensität Ihres Wunsches nach einem Kind und dem damit verbundenen Leid, ähnelt die erforderliche Neuorientierung der Neuorientierung nach einer folgenschweren Krankheit, nach einem Unfall oder nach dem Tod einer geliebten Person. Es wird keine Veränderung Ihres gewohnten Lebensstils erwartet, entscheidend ist eher eine Veränderung in Ihren Erwartungen an das Leben, von dem Sie ja eine bestimmte Vorstellung hatten.

Der Überwindungs- und Heilungsprozeß ist nicht einfach, und er ist auch nicht selbstverständlich. Doch wem er nicht gelingt, der verurteilt sich selbst zu einem unbefriedigenden Leben. So achtet eine Frau, die ihren Schmerz nie überwunden hat, ihr Leben lang darauf, möglichst wenig Kontakt zu Personen mit Kindern zu haben, da sie der Anblick von Kindern zu sehr schmerzte.

Der Hauptteil dieses Buches (Teil III) befaßt sich mit dem Überwindungs- und Heilungsprozeß. Die zehn Schritte hin zur Überwindung und Heilung, von denen ich hier eine kurze Zusammenfassung gebe, werden dort ausführlich erläutert.

Schritt Nr. 1:
Den Verlust zugeben und sich der Trauer hingeben
Sie haben einen Verlust erlitten. Ihr Heilungsprozeß kommt so lange nicht in Gang, wie Sie Ihre Gefühle unterdrücken, verleugnen oder minimalisieren. Betrauern Sie den Verlust des Kindes, das in Ihrer Vorstellung, in Ihrem Herzen lebte. Betrauern Sie den Verlust Ihrer Identität als Mutter. Dies ist ein schmerzhafter, aber für Ihre Heilung notwendiger Schritt.

Schritt Nr. 2:
Den Verlust verstehen lernen
Indem Sie lernen, die psychologischen und sozialen Faktoren zu erkennen, die Sie geformt haben und Ihren Wunsch nach einem Kind entstehen ließen, können Sie Ihre speziellen Bedürfnisse besser verstehen. Dies hilft Ihnen, mit Gefühlen, die Sie sonst zu überwältigen drohen, besser zurechtzukommen und alternative Wege zu erkennen, wie Sie diese Bedürfnisse befriedigen können.

Schritt Nr. 3:
Den Verlust überleben
Kinderlosigkeit braucht Ihr Leben nicht zu zerstören. Sobald Sie sich entschlossen haben, Ihren Verlust hinter sich zu lassen, werden Sie erkennen, daß Sie sich immer noch ein lohnendes, befriedigendes Leben schaffen können. Sie fühlen sich dann nicht mehr als Opfer, sondern als Überlebender, als jemand, der Enttäuschung und Leid hinter sich gelassen hat.

Schritt Nr. 4:
Sich von Schuldgefühlen lösen
Das rationale oder irrationale Gefühl, daß Sie selbst oder daß andere schuld haben, verzögert den Überwindungs- und Heilungsprozeß. Werden Sie sich der Rolle, die Sie, wenn vielleicht

auch unbeabsichtigt, bei Ihrer Kinderlosigkeit gespielt haben, bewußt. Dies hilft Ihnen, anderen zu verzeihen. Güte, Milde und Verständnis helfen Ihnen, sich selbst zu verzeihen.

Schritt Nr. 5:
Hilfe im Gespräch suchen

Wenn Sie mit Menschen, die Ihnen nahestehen, über Ihr Problem sprechen, erhalten Sie von diesen Trost und Hilfe. Sie brauchen dann nicht mehr im verborgenen zu leiden. Wenn wir unseren Mitmenschen sagen, was wir von ihnen brauchen, können sie uns auch besser helfen.

Schritt Nr. 6:
Vorhandene Hilfsangebote nutzen

Indem Sie in direkten Kontakt zu anderen, ungewollt kinderlosen Frauen treten oder nach berühmten kinderlosen Frauen suchen, die Ihnen als Vorbild dienen könnten, erfahren Sie, wie andere mit der Situation fertig geworden sind. Hilfe bieten auch Therapeuten, Selbsthilfegruppen oder kirchliche Institutionen an.

Schritt Nr. 7:
Die mütterliche Energie in andere Kanäle leiten

Sie können Ihre mütterliche Energie anderen zugute kommen lassen, zum Beispiel fremden Kindern, Erwachsenen, Tieren oder der Natur.

Schritt Nr. 8:
Kinder in das Leben einbeziehen

Sie brauchen auf das Vergnügen und die Freude an Kindern nicht zu verzichten. Es gibt viele Formen, Kinder in Ihr Leben einzubeziehen

Schritt Nr. 9:
Die Vorteile eines kinderfreien Lebens nutzen

Frauen ohne Kinder haben weniger finanzielle Verpflichtungen, weniger Sorgen und mehr Freiheit und Zeit zu ihrer Verfügung. Lernen Sie die Vorteile eines kinderfreien Lebens schätzen und nutzen.

Schritt Nr. 10:
Auf der Suche nach weiblicher Ganzheit

Alle Frauen suchen nach dem Sinn in ihrem Leben. Für alle ist es wichtig, zu wissen, wer sie sind, jenseits der Rollen, die sie spielen. Indem Sie Ihre innersten Bedürfnisse, Sehnsüchte und Kränkungen aufspüren, Ihre Meinung von sich selbst und vom Leben im allgemeinen überprüfen, begeben Sie sich auf eine innere Reise. Sie lernen dabei, sich selbst als vollwertig und »ganz« zu fühlen

Bevor wir jedoch diese zehn Schritte zur Überwindung in Angriff nehmen, ist es wichtig, zu wissen, was gewesen ist. In Teil II erfahren wir die vielen verschiedenen Gründe, warum Frauen, die gern Kinder bekommen hätten, kinderlos geblieben sind.

TEIL II
Die Wege
zur Kinderlosigkeit

Viele Wege führen in die Kinderlosigkeit. Manche ziehen sich schnurgerade dahin, während andere sich winden und gabeln. Weil die Wege so verschieden aussehen können, scheinen sie keinen Bezug zueinander zu haben, und trotzdem führen sie alle zum gleichen Ziel – der Kinderlosigkeit.

Natürlich können nicht alle Wege beschrieben werden. Deshalb habe ich mich auf die häufigsten Gründe, warum Frauen kinderlos geblieben sind, beschränkt. Dies bedeutet leider auch, daß sich einige Frauen, wie zum Beispiel diejenigen mit psychischen Krankheiten, um nur einige zu nennen, in diesem Buch nicht wiederfinden, obwohl auch sie sich vielleicht nach Kindern sehnen. Die Frauen, deren Wege hier nicht beschrieben werden, können trotzdem beim Lesen der biographischen Skizzen Trost finden. Auch wenn ihre spezielle Situation nicht direkt angesprochen wird, werden sie ihre Gefühle wiedererkennen.

Ledige Frauen

Ledige Frauen, die gern geheiratet und Kinder bekommen hätten, haben manchmal das Gefühl, zweimal im Leben zu kurz gekommen zu sein, da sie weder einen Ehemann noch ein Kind bekommen haben. Obgleich sie wissen, daß ein Ehemann und ein Kind keine Garantie und auch keine Voraussetzung für ein glückliches Leben sind, bedauern sie, daß ihnen diese Erfahrung verwehrt geblieben ist. Sie glauben, ihr Leben wäre noch ausgefüllter und glücklicher, wenn sie Ehefrau und Mutter geworden wären.

Die Mehrzahl der Frauen erwartet, daß ihr Leben nach folgendem Schema verläuft: Man wird erwachsen, findet den richtigen Mann, heiratet ihn und bekommt Kinder. Da die übliche Reihenfolge zuerst die Ehe und dann die Kinder vorsieht, wird als erstes Ziel die Ehe angepeilt, und zwar immer dringlicher, je mehr die Wahrscheinlichkeit wächst, ledig und kinderlos zu bleiben. Mehr als ihre Kinderlosigkeit bedauern viele ledigen Frauen vor allem, daß sie nicht geheiratet haben.

Eine ledige Frau, speziell zwischen Mitte Zwanzig und Anfang Dreißig, wird oft von wohlmeinenden Freunden und Verwandten unter Druck gesetzt, indem diese sich immer wieder nach ihren Heiratsabsichten erkundigen. Mit zunehmendem Alter läßt dieser Druck im allgemeinen nach, da eine Heirat immer unwahrscheinlicher wird. Nun heißt es höchstens noch (wenn die Frau sich außer Hörweite befindet): »Warum hat sie wohl nie geheiratet?« Darin ist die versteckte Andeutung enthalten, daß mit einer unverheirateten Frau doch irgend etwas nicht stimmen kann. Auch die ledige Frau, die mit sich selbst zufrieden ist, ihren Beruf erfolgreich ausübt und viele Freunde hat, kann zu der gleichen Schlußfolgerung kommen. »Warum hat keine meiner Beziehungen zu einer Ehe geführt? Was stimmt denn nicht mit mir?« Das sind die Fragen, die an ihrem Selbstbewußtsein nagen.

Viele der von mir interviewten Frauen sind ledig geblieben, nicht weil mit ihnen etwas nicht stimmt, sondern weil sie ausgeprägte Individualistinnen sind und selbstsicher und tüchtig genug, um ihr Leben allein zu meistern. Sie flüchteten sich nicht in eine Ehe, weil sie die Alternative fürchteten. Sie haben (oder hatten) Gelegenheit, sich zu verheiraten, aber, wie eine Frau es ausdrückte: »Der Richtige hat mich nie gefragt.« Mit keinem der Männer, mit denen sie näher befreundet waren, hätten sie sich vorstellen können, den Rest ihres Lebens zu verbringen, und sie weigerten sich, bei ihren Erwartungen, Hoffnungen und Träumen Kompromisse zu schließen. Sie wollten nicht heiraten, nur um Kinder zu kriegen.

Fast alle ledigen Frauen, die sich überlegt haben, auch ohne Heirat Mutter zu werden – sei es durch eine Schwangerschaft oder Adoption –, haben sich dagegen entschieden. Für viele Frauen ist ein Kind nur innerhalb der traditionellen Familie mit Mutter und Vater denkbar. Sie brauchen die komplette Familie, damit ihr Traum in Erfüllung geht. Andere Frauen entschieden sich dagegen, weil sie wissen, daß für Alleinerziehende der Alltag anstrengend und kompliziert ist, und zwar für Mutter und Kind. Sie haben bei Schwestern und Freundinnen gesehen, wie Alleinerziehende sich abplagen müssen, um den Anforderungen von Familie und Beruf gerecht zu werden. Erschöpfungen und Schuldgefühle sind der Preis, den sie zu bezahlen haben.

Obwohl sie gerne Mütter geworden wären, ist ihre Kinderlosigkeit für die meisten ledigen Frauen kein Grund zur Verzweiflung. Das will aber nicht heißen, daß sie sich weniger nach einem Kind sehnen als verheiratete Frauen; sie haben ihren Kinderwunsch nur immer mehr auf Distanz gehalten. Hätten sie geheiratet, wäre die Kinderlosigkeit für sie viel schlimmer gewesen, weil Mutterschaft dann nicht länger ein Traum, sondern eine wirkliche Möglichkeit gewesen wäre.

Doch wenn dann die Freundinnen (zuerst gleichen Alters, später jünger) heiraten und Kinder bekommen, wird die ledige Frau daran erinnert, daß in ihrem Leben etwas fehlt. Die Hochzeiten und Taufen, an denen sie teilnimmt, rufen alte Sehnsüchte wach und werden mehr und mehr zur Qual. Sie verliert die Lust, sich am Glück anderer zu erfreuen. Eine Frau meinte dazu: »Nicht daß ich den anderen Frauen ihr Glück mit Mann und Kind mißgönne. Ich möchte es nur auch haben.«

»Eine leichte Enttäuschung«

Die Geschichte von Iris:
Iris, eine energische, ehrgeizige Frau von vierundfünfzig Jahren, lebt in Washington, D. C. Sie wuchs in einer katholischen irischen Familie auf, in der sie Liebe und Geborgenheit erfuhr. Es war für sie eigentlich immer klar, daß sie einmal heiraten und Kinder bekommen würde. Zwischen zwanzig und dreißig Jahren erhielt sie mehrere Heiratsanträge, aber der Richtige war nie darunter. Nach dem College arbeitete sie beim Gesundheits- und Sozialamt. Als sie siebenundvierzig Jahre alt war, gab sie ihre dort erreichte Chefposition auf, um ihren Traum von einer eigenen Rechtsanwaltspraxis zu verwirklichen.

»Ich bin eigentlich mehr aus Zufall eine Karrierefrau geworden. Was ich eigentlich wollte, hat sich nicht ergeben. Mit dreißig dachte ich, ›in zehn Jahren bist du Hausfrau und kümmerst dich um deine Kinder‹. Ich glaube, ich war so ungefähr fünfunddreißig, als mir plötzlich klar wurde, ›Mensch, es könnte ja auch ganz anders kommen. Vielleicht werde ich gar nicht heiraten und eine Familie haben.‹ Von da an bis zu meinem vierzigsten Lebensjahr, das ich mir als Zeitlimit gesetzt hatte, wurde es wichtig für mich. Ich rechnete mir vor: ›Nur noch drei Jahre, nur noch zwei Jahre …‹ Mit vierzig habe ich mir dann die Eileiter durchtrennen lassen, denn ich wußte, wenn ich später doch noch heiraten sollte, würde ich, trotz des hohen Risikos für Mutter und Kind, versuchen, schwanger zu werden. Wenn sich eine Chance bieten würde, wären meine Gefühle stärker als mein Verstand. Ich habe mich nie als alleinerziehende Mutter gesehen. Ich wollte immer nur Kinder innerhalb einer Familie. Ich glaube nicht, daß ich als alleinstehende Mutter glücklich geworden wäre. Die Freude über ein Kind muß man doch mit jemandem teilen können, dem das Kind auch gehört, dem es genauso lieb und teuer ist. Für mich gab es nur alles oder nichts – kein Kind oder eine gute Ehe und Kinder. Als alleinstehende Frau ein Kind zu haben hätte ich als unnatürlich empfunden.

Da ich nicht geheiratet habe, ist für mich ein Kind nie in erreichbare Nähe gerückt. Deshalb würde ich meine Kinderlosigkeit auch eher als eine leichte Enttäuschung bezeichnen.«

Iris ist typisch für viele kinderlose ledige Frauen. Obwohl sie gern Ehefrau und Mutter geworden wäre, hat sie das Beste aus ihrem Leben gemacht. Sie ist eine ideenreiche, unabhängige, humorvolle und im wesentlichen mit ihrem Leben zufriedene Frau. Nur selten käme jemand, der sie heute kennt, auf die Idee, daß sie wegen ihrer Kinderlosigkeit enttäuscht sein könnte.

»Ich glaube, ich werde passen«

Die Geschichte von Jackie:
Jackie, ledig, achtunddreißig Jahre alt, intelligent und attraktiv, ist Ärztin und lehrt an einer medizinischen Hochschule in Südkalifornien. Jackie ist als Einzelkind aufgewachsen. Sie liebte ihren Vater und fürchtete sich vor ihrer Mutter, einer kalten,

herzlosen Frau, der Jackies gutes Aussehen und Intelligenz ein Dorn im Auge waren. Sie ließ keine Gelegenheit aus, Jackie vor Freunden oder Verwandten lächerlich zu machen. Wegen der traumatischen Beziehung zu ihrer Mutter zeigte Jackie keinerlei Interesse, selbst Mutter zu werden. Dies änderte sich jedoch, als sie Mitte Dreißig war. Jetzt war sie sich sicher, daß sie, anders als ihre Mutter, ihrem Kind Liebe und Wärme geben könnte.

Jackie spricht mit erfrischender Offenheit über die Möglichkeiten der Frauen von heute. Sie können, wenn sie wollen, einen Mann heiraten und Kinder bekommen, auch wenn dies nicht der Mann fürs ganze Leben ist.

»Mit dreiunddreißig hatte ich eine Beziehung, die so aussah, als ob sie ungefähr fünf Jahre dauern könnte. Würde ich heute wieder so jemanden finden, könnte ich mir vorstellen, den Mann zu heiraten und Kinder zu kriegen. Fünf Jahre, zwei Kinder, dazu ein zuverlässiges Kindermädchen … Heute wäre das in Ordnung, aber mit dreiunddreißig war es das auf keinen Fall.

Es gibt Frauen, die sich ganz einfach sagen: ›Ich will jetzt eine Familie, deshalb nehme ich den besten Mann, der sich momentan auftreiben läßt.‹ Ich kenne einige Frauen, die es sich in den Kopf gesetzt haben, dieses Jahr zu heiraten. Da es bis zum 31. Dezember geschafft sein muß, ist der Mann vielleicht nicht die erste Wahl, aber er war gerade zum richtigen Zeitpunkt da und wollte auch dasselbe. Vielleicht sind diese Frauen realistischer, als ich es bin.

Der Typ, mit dem ich in letzter Zeit ausging, wollte unbedingt eine zweite Familie gründen, weil er es dieses Mal besser machen will. Ein Computer hätte uns vielleicht als ideal zusammenpassendes Paar ausgesucht, aber bei mir sprang der Funke nicht über. Ich sagte mir zwar: ›Vielleicht ist das *die* Chance, endlich zu einer Familie zu kommen, vielleicht wäre er der beste Familienvater, den du dir vorstellen kannst?‹ Aber dann habe ich doch anders entschieden: ›Wenn das meine Zukunft sein soll, werde ich lieber passen.‹

Manchmal glaube ich, daß ich zuviel darüber nachdenke. Vielleicht hätte ich einfach heiraten und ein Baby bekommen sollen, auch wenn ich mir nicht sicher gewesen wäre, ob die Ehe von Dauer sein wird. Vielleicht hätte ich die Gelegenheit am Schopf packen sollen.

Im Moment ist die Sache für mich noch nicht dringend. Wie es dann in ein paar Jahren aussieht, wenn die Zeit knapp wird, weiß ich nicht. Ich habe auch schon über eine Adoption nachgedacht. Sollte ich nicht heiraten, werde ich das wahrscheinlich tun, denn ich möchte ein Kind haben.«

Jackie sagte zwar am Anfang unserer Unterhaltung, daß sie mit ihren nun achtunddreißig Jahren kompromißfähiger in bezug auf eine Ehe wäre, als sie dies mit dreiunddreißig Jahren gewesen war, aber bei ihrem letzten »potentiellen« Familienvater hat sie sich wieder entschieden »zu passen«. Obwohl sie weiß, daß ihre gebärfähigen Jahre gezählt sind, will sie erst heiraten, wenn sie den für sie richtigen Mann gefunden hat. Wie Jackie haben auch andere Frauen Angst, ebensowenig zur Mutterschaft zu taugen wie ihre eigenen Mütter. Jackie zeigt uns, daß diese Befürchtungen überwunden werden können. Nach Jahren der Therapie hat sie erkannt, daß sie einem Kind Liebe und Geborgenheit schenken könnte.

»Alles allein mit sich selbst abmachen«

Die Geschichte von Erica:
Erica, ledig, fünfundvierzig Jahre alt, hat viel getan, um zu einem eigenen Kind zu kommen. Auch sie ist in unglücklichen Familienverhältnissen groß geworden. Ihr Vater mißbrauchte sie in mehrerer Hinsicht. Um den dadurch angerichteten Schaden zu

beheben, hat sie hart an sich gearbeitet, in Therapien und auch anderswo. Sie ist Sozialarbeiterin in einem Heim für psychisch gestörte Jugendliche. Erica liebt diese Arbeit, sie hat jede Menge gute Freunde und reist viel. Trotzdem macht sie sich Vorwürfe (ich denke, in zu scharfem Ton), weil sie nicht verheiratet ist.

»Ich bin nicht normal. Ich habe es nicht geschafft, zu heiraten. Das habe ich nun davon. Ich habe das, was gut für eine Frau ist, nicht getan, nämlich zu heiraten und ja zu sagen. Und ich habe auch kein Kind. Auch diesen Teil von mir habe ich nicht verwirklichen können. Dabei bin ich doch ein Mensch, eine Frau, wie alle anderen auch.

Ich hatte beschlossen, falls ich mit siebenunddreißig Jahren immer noch ledig sein sollte, allein ein Kind zu haben. Als es soweit war, ging ich zu einem Arzt, der künstliche Befruchtungen vornahm. Bereits beim ersten Versuch wurde ich schwanger. Sechs Wochen später hatte ich eine Fehlgeburt. Zuerst die künstliche Befruchtung und dann die Fehlgeburt ganz allein durchzustehen, das war sehr schlimm für mich. Doch ich gab nicht auf. Auch die zweite künstliche Befruchtung führte sofort zu einer Schwangerschaft. Dieses Mal erfolgte die Fehlgeburt nach ungefähr zweieinhalb Monaten. Es dauerte ein Jahr, bis ich wieder soweit war, einen dritten Versuch zu wagen. Wieder wurde ich sofort schwanger. Drei Monate später wurde eine Ultraschalluntersuchung gemacht. Der Arzt war zufrieden: ›Dieses Mal scheint alles glattzugehen. Hier können Sie den Herzschlag sehen. Alles sieht sehr gut aus.‹ In der folgenden Nacht erlitt ich eine Fehlgeburt. Es war furchtbar, einfach schlimm. Meine Freundinnen standen mir zwar bei, aber sie können keinen Ehemann ersetzen. Im Grunde mußte ich alles ganz allein durchstehen.

Noch eine künstliche Befruchtung kommt nicht in Frage. Ich würde gern ein Kind adoptieren, aber ich habe Angst, es ohne einen Partner zu tun. Wenn ich einen Ehemann hätte, würde ich bestimmt ein Kind adoptieren. Doch nehmen wir einmal an, bei dem Kind treten irgendwelche Probleme auf – Verhaltensstörungen oder eine schwerwiegende körperliche Krankheit –, dann müßte ich ganz allein damit fertig werden, und das macht mir angst.«

Erica holte erste Erkundigungen wegen einer Adoption ein, aber dann war sie unfähig, den nächsten Schritt zu unternehmen. Wenn ich mir überlege, was sie alles durchgemacht hat, erstaunt es mich nicht, daß sie sich der Möglichkeit, erneut enttäuscht zu werden, verschließt. Sie hat viel auf sich genommen, um ein Baby zu bekommen. Sie ist jedesmal enttäuscht worden, und sie hatte nie einen Partner, der ihr dabei zur Seite gestanden ist.

Unfruchtbare Frauen

Denkt man an kinderlose Frauen, kommen einem meistens verheiratete unfruchtbare Frauen in den Sinn. Ihr Leidensweg erstreckt sich oft über viele Jahre. Wenn eine Frau ein Jahr lang Geschlechtsverkehr hatte und keine Schwangerschaft eintritt, raten ihr die Ärzte im allgemeinen, jeden Morgen vor dem Aufstehen ihre Körpertemperatur zu messen und in eine Basal-Temperaturtabelle einzutragen. Das Paar muß dann darauf achten, daß in der Zeit des Eisprungs Geschlechtsverkehr aus-geübt wird. Führt dies immer noch zu keiner Empfängnis, müssen sich die Frau und ihr Partner verschiedenen ärztlichen Untersuchungen und Behandlungen unterziehen, manche da-von unangenehm und schmerzhaft, andere eher ungewöhnlich und amüsant.

So können die beiden anfänglich vielleicht noch darüber lachen, wenn der Mann gebeten wird, auf der Toilette des Labors in einen Pappbecher zu ejakulieren oder wenn sie früh am Montag morgen (abends wurde der Wecker gestellt) Geschlechtsverkehr haben und die Frau sofort danach zu ihrem Frauenarzt eilen muß, damit er sie untersuchen kann. Richtet sich ihr Sexualleben dann aber nur noch nach den Erkenntnissen der Fruchtbarkeits-studien und den Möglichkeiten, schwanger zu werden, schlägt das Lachen möglicherweise in Frustration und Streit um. Bei einer Frau, die an nichts anderes mehr denken kann als an eine mögliche Schwangerschaft, bekommt der Partner das Gefühl, sie brauche ihn nur noch als Erzeuger und schlafe nur noch deshalb mit ihm.

Eine unfruchtbare Frau fühlt sich oft als nicht vollwertig, körper-lich defekt und nicht liebenswert. Sie quält sich mit der Vorstellung, ihr Mann möchte sich vielleicht scheiden lassen, um eine Frau zu heiraten, die ihm Kinder schenken kann. Liegt das Problem beim Mann, ist die Frau ihm deswegen möglicherweise böse, obwohl sie von der Vernunft her weiß, daß er ihr nicht absichtlich ein Kind vorenthält. Sie denkt nun ihrerseits an eine Scheidung oder spielt mit dem Gedanken eines Seitensprungs. Auch wenn der Streß, der durch die Unfruchtbarkeit ausgelöst wird, sich nicht auf die Partnerbeziehung auswirkt, durchlebt die unfruchtbare Frau Jahre der emotionalen Höhen und Tiefen. Mit jeder neuen Therapie schöpft sie Hoffnung, die dann mit dem Einsetzen der Menstruation in Enttäuschung umschlägt. Mit den Monaten und Jahren, die vergehen, wird bei vielen Frauen das Verlangen nach einem Baby immer stärker. In ihrer Verzweiflung befolgen diese sonst vernünftigen und klugen Frauen die absurdesten Ratschläge. So vertraute eine Frau mir an, nach dem Geschlechtsverkehr einen Kopfstand gemacht zu haben, weil eine ihrer Kolleginnen schwor, daß dies bei ihr zum Erfolg geführt hätte.

Viele Frauen fallen auch in eine Depression. Sie essen zuviel oder zuwenig; sie schlafen zuviel oder fürchten sich vor dem Schlaf, weil sie unangenehme Träume von Babys haben; sie verlieren das Interesse an ihrer Arbeit und an Geselligkeiten. Sie meiden Familientreffen, weil es dort Kinder – die Kinder anderer – gibt.

Wenn Sie eine unfruchtbare Frau sind, kennen Sie nur zu gut diese quälenden Jahre, in denen Sie noch eine neue Behandlung, noch ein neues Medikament ausprobiert haben, in der vergeblichen Hoffnung, doch noch zu einem Kind zu kommen. Irgendwann kam dann aber der Moment, wo Sie erkennen mußten, daß keine der neuen Hochleistungstechnologien, keines der hochwirksamen neuen Medikamente in Ihrem Fall helfen konnte. Schließlich standen Sie vor der grausamen Tatsache, daß Sie niemals ein Baby auf die Welt bringen können.

Manche Frauen versuchen es mit einer Adoption. Andere, die das Trauma ihrer verzweifelten Bemühungen, ein leibliches Kind zu bekommen, noch nicht überwunden haben, können und wollen nicht noch einmal Jahre der Ungewißheit, Jahre der Hoffnungen und schmerzlichen Enttäuschungen auf sich nehmen.

Nicht ein einziges Mal schwanger ...

Die Geschichte von Marti:
Marti ist achtundvierzig Jahre alt, von Beruf Zeitungsreporterin und wohnt in der Nähe von Denver. Sie wuchs in einer, wie sie es bezeichnet, normalen amerikanischen Familie auf. Ihr Vater, ein Lehrer, und ihre Mutter, eine Hausfrau, hatten zwei Kinder, ein Junge und ein Mädchen. Die Familienmitglieder verstanden und verstehen sich auch heute noch sehr gut. Marti und ihr Mann waren beide bereits einmal verheiratet. Sie ist sehr tierlieb und besitzt fünf Hunde der unterschiedlichsten Rassen, zwei Katzen und eine Ziege. Obwohl sie bei ihrer Heirat bereits vierzig Jahre alt war, wollte Marti unbedingt noch ein Kind bekommen. Sie las und sammelte alle Zeitungsartikel über Frauen, die noch nach ihrem vierzigsten Geburtstag ein gesundes Baby zur Welt gebracht hatten.

»Ich habe alle gängigen Therapien für unfruchtbare Frauen durchlaufen. Ich kann mich nicht mehr genau an all die verschiedenen Tests, Medikamente und operativen Eingriffe erinnern. Es hat gar nicht mehr aufgehört. Aber ich weiß noch gut, daß manches sehr schmerzhaft war. Nach ein paar Jahren sagte ich mir: Was tu ich mir da eigentlich an? Irgendwann hatte ich den Eindruck, mit dem Kopf gegen eine Wand zu rennen.

Am schlimmsten war es, als ich dachte, ich wäre schwanger. Meine Periode verspätete sich, und ich wurde ganz aufgeregt.

Ich war mir sicher, daß es diesmal geklappt hatte. Als ich im Labor anrief, um nach dem Ergebnis des Schwangerschaftstests zu fragen, und man mir sagte, daß er negativ sei, verschlug es mir die Sprache, so niedergeschmettert war ich. Nie, nicht ein einziges Mal in meinem Leben, war ich schwanger gewesen. Können Sie sich das vorstellen – nicht ein einziges Mal.

Manchmal habe ich nachts im Bett geweint und geweint. Mein Mann versuchte mich zu trösten, aber ich war untröstlich. Und dann diese Träume! Nacht für Nacht habe ich von Babys geträumt. Beim Aufwachen war ich depressiv und blieb es den ganzen Tag.

Doch plötzlich hatte ich genug. Ich konnte es nicht länger ertragen. Vielleicht hätte es noch andere Therapiemöglichkeiten gegeben. Aber ich wollte nicht mehr. Ich wußte, daß ich nie ein Kind bekommen werde.

Jetzt habe ich viele Tiere, und das macht mir großen Spaß. Meine mütterliche Energie kommt nun meinen Tieren zugute, und sie belohnen mich doppelt und dreifach. Mein Bruder und seine Frau haben drei Kinder. Ich bin gern Tante, aber es schmerzt mich noch immer, daß ich nicht Mutter werden konnte. Vor ein paar Tagen hat man mir von einer Frau erzählt, die mit einundvierzig Jahren ihr erstes Kind erwartet. Ganz unwillkürlich kam mir dabei der Gedanke: Weiß sie etwas, was ich nicht wußte? Macht sie etwas, was ich nicht gemacht habe? Es ist, als ob alle anderen eine Art Geheimnis kennen, aber keiner mir etwas darüber erzählen will. Verrückt, nicht wahr?«

Marti hat sich schließlich dazu durchgerungen, das Kapitel einer möglichen Mutterschaft abzuschließen. Der feste Wille, einem schmerzlichen und erfolglosen Unterfangen ein Ende zu bereiten, stellt oft den Beginn des Heilungsprozesses dar.

Unfruchtbarkeit in der Jugend

Wenn ein junges Mädchen erfährt, daß es aufgrund eines angeborenen Defektes keine Kinder bekommen kann, sind die psychischen Auswirkungen oft schlimmer als bei einer erwachsenen Frau. Die Jugend ist die Zeit, wo man seine Identität, besonders auch seine sexuelle Identität, findet. Dieser Prozeß ist oft schwierig, da die jungen Leute von Selbstzweifeln und Ängsten im Hinblick auf ihre Anziehungskraft und Beziehung zum anderen Geschlecht geplagt werden. Wenn nun ein junges Mädchen in diesem diffizilen Alter erfährt, daß mit ihren Sexualorganen etwas nicht stimmt, wird sie dies psychisch sehr stark belasten. Ob sie dadurch einen dauerhaften Schaden erleidet, hängt weitgehend davon ab, ob sie jemanden hat, der ihr hilft, ihr »Anderssein« zu akzeptieren.

Leider sind die Eltern und andere dem Mädchen nahestehende Erwachsene oft selbst von der Diagnose so betroffen, daß ihr Umgang mit der Situation darin besteht, sie »totzuschweigen«. Sie hoffen, daß das Mädchen auf diese Weise die Sache rascher überwindet. Doch das Gegenteil ist der Fall. Für das Mädchen bedeutet das Schweigen der Erwachsenen, daß das Thema tabu ist, zu schrecklich, um darüber zu sprechen, und sie behält als Folge ihre Gefühle und ihre Betroffenheit für sich.

Teenager sind unsicher. Sie möchten aussehen, sich benehmen und fühlen wie ihre Altersgenossen. Ein Teenager, der anders ist, hat es schwer. Wird ein junges Mädchen, das erfährt, daß es nie Kinder bekommen kann, dies seinen Freundinnen erzählen? Und wenn es dies tut, wie werden sie darauf reagieren? Wie und wann wird das Mädchen es seinem Freund erzählen, oder wird es Jungens überhaupt meiden? Wenn es sich Gleichaltrigen mitteilt, wird es das vielleicht erleichtern, aber es wird auch verwundbarer werden. Das unfruchtbare junge Mädchen wird sich seine Zukunft als Erwachsene anders vorstellen als andere

Mädchen seines Alters. Falls die Ehefrau/Mutterrolle ein Vorbild war, ist es bereits ins Hintertreffen geraten. Mutterschaft ist für das junge Mädchen nicht mehr selbstverständlich.

»Ich habe einen riesigen Makel«

Die Geschichte von Elizabeth:
Elizabeth ist fünfunddreißig Jahre alt und Französischlehrerin an einem kleinen Privatcollege in Wisconsin. Sie ist ledig und hat gerade eine Beziehung zu einem Mann abgebrochen, mit dem sie fünf Jahre zusammengewesen war. Elizabeth wuchs als Einzelkind auf. Ihre Kindheit verlief im großen und ganzen unbeschwert, nicht so ihre Jugend. Mit sechzehn Jahren erfuhr sie, daß ihre Eileiter aufgrund eines angeborenen Defektes verkümmert und nicht funktionstüchtig waren. Diese Abnormität wurde bei einem operativen Eingriff entdeckt, der eingeleitet worden war, um herauszufinden, warum ihr Monatszyklus nicht mehr funktionierte. Sie hatte seit drei Jahren keine Periode mehr, und alle sonstigen Untersuchungen hatten keine Erklärung gebracht.

»Meine Unfruchtbarkeit hat in meinem Leben starke Spuren hinterlassen. Als ich vierzehn Jahre alt war, hörte mein Monatszyklus abrupt auf. Es hat lange gedauert, bis man herausfand, was bei mir nicht stimmte. Ich war noch so jung, und die Situation überforderte mich. Zudem war es manchmal auch ziemlich schmerzhaft. Die Ärzte waren zwar alle nett, aber im Krankenhaus machte ich manchmal demütigende Erfahrungen, zum Beispiel als Medizinstudenten mich anstarrten, als ob sie ein Versuchskaninchen vor sich hätten.

Nach dem Eingriff erklärte mir der Arzt in seinem Büro, was er entdeckt hatte. Alles, was daraufhin gesagt wurde, war folgendes:

Meine Mutter: Du verstehst, was das, was Dr. Hager gerade gesagt hat, für dich bedeutet?

Ich: Ja.

Bis vor zwei oder drei Jahren, und auch damals nur sehr kurz, haben wir nie darüber gesprochen. Ich kann nur ahnen, was das Ganze für meine Eltern bedeutet hat.

Es geschah zu einem kritischen Zeitpunkt in meiner sexuellen Entwicklung. Ich hatte (und habe in irrationalen Momenten auch heute noch) die seltsamsten Gedanken, meine sexuelle und weibliche Identität betreffend. Ich versuchte es zu überspielen, indem ich Witze darüber machte. Meine engsten Freundinnen an der High-School wußten von der Sache, und sie wußten auch, daß ich Hormone einnehmen mußte. Ich erinnere mich, daß ich ihnen einmal erzählte: ›Wenn ich aufhöre diese Pillen einzunehmen, werde ich mich in einen Gorilla verwandeln.‹ Ich habe niemandem gesagt, wie sehr ich darunter litt. Ich wußte auch nicht, mit wem ich darüber hätte sprechen können.

Ich glaube nicht, daß ich damals schon das Gefühl hatte, wegen meiner Unfruchtbarkeit auf etwas verzichten zu müssen. Dafür war ich noch zu jung. Was ich fühlte, war eher Verlegenheit, Scham und Ausgegrenztsein. Ich versuchte zwar, diese Gefühle zu unterdrücken und unter einer fröhlichen Ausgelassenheit zu verbergen, aber es gelang mir nicht immer. Ich war oft unausgeglichen, reizbar und geriet leicht in Streit über alle möglichen Dinge. Genausowenig wie meine Eltern habe ich dieses Verhalten in Zusammenhang gebracht mit dem, was in meinem Körper vorging.

Das schlimmste damals wie heute ist, daß ich mich nicht als vollwertige Person betrachte. Ich habe einen riesigen Makel und bin deshalb dem Leben nicht gewachsen. Dieses Gefühl ist nicht – oder nur zu einem geringen Teil – aus dem Gedanken entstanden, daß Frauen Babys auf die Welt bringen müssen, um richtige Frauen zu sein. Es war einfach, weil mein Körper nicht normal funktionierte und weil ich einfach nicht begreifen konnte, warum dies gerade bei mir so war.«

Elizabeth wuchs in einer ganz normalen, warmherzigen Familie auf. Trotzdem wurde sechzehn Jahre lang nicht über ihr medizinisches Problem gesprochen. Hätte Elizabeth ihr Gefühl, nicht vollwertig zu sein, nur auf ihren Körper bezogen, wäre der Schaden, den ihre Selbstachtung erlitten hat, begrenzt geblieben. Für sie war es aber nicht allein der Körper, sie urteilte über ihr ganzes Sein und empfand es als mangelhaft. Glücklicherweise ist es Elizabeth im Erwachsenenalter gelungen, ihr seelisches Gleichgewicht wiederzufinden. Später werden wir wieder von ihr hören.

Problemschwangerschaften

Für manche unter Ihnen war es kein Problem, schwanger zu werden. Sie freuten sich, als Sie erfuhren, daß Sie schwanger sind. Sie bemerkten die körperlichen Veränderungen, die eine Schwangerschaft mit sich bringt. Vielleicht spürten Sie sogar, wie sich das Baby in Ihrem Bauch bewegte. Doch dann gab es plötzlich während der Schwangerschaft oder während der Geburt Probleme, und alle Hoffnungen lösten sich in Luft auf, alle Freude verwandelte sich in Leid.

Wir werden über drei Arten von Problemschwangerschaften sprechen: Mehrfache Fehlgeburten, Eileiterschwangerschaften und Totgeburten.

Frauen, die Problemschwangerschaften erlebt haben, neigen dazu, ihren Körper als fehlerhaft anzusehen. Das Gefühl ist verständlich, da ihre Fortpflanzungsorgane tatsächlich nicht so funktionieren, wie es sein sollte. Trotzdem ist fehlerhaft nicht der richtige Ausdruck. Bei unserem Körper handelt es sich um einen unglaublich komplexen Organismus und nicht um ein Fertigprodukt, das man zurückgeben und durch ein neues ersetzen kann, wenn es fehlerhaft ist. Ist Ihre Kinderlosigkeit auf Problemschwangerschaften zurückzuführen, klagen Sie sich nicht an. Ihr Körper ist genausoviel wert wie der anderer Frauen. Die Unfähigkeit, eine Schwangerschaft zu einem glücklichen Ende zu führen, ist schon schrecklich genug, nun suchen Sie nicht auch noch die Schuld bei sich. In Teil III erfahren Sie, wie man mit Selbstanklagen aufhören kann.

Fehlgeburten

Viele Schwangerschaften enden in Fehlgeburten. Experten
schätzen, daß eine von sechs Schwangerschaften in den ersten
drei Monaten beendet wird. Manchmal ist die Frau sich nicht
einmal bewußt, daß sie schwanger ist. Weil Fehlgeburten etwas
sehr Verbreitetes sind und viele Frauen nach einer oder mehreren Fehlgeburten normale Schwangerschaften und Geburten
haben, kann eine Fehlgeburt auch nur ein momentaner Rückschlag sein und nicht Vorbote eines dauerhaften Problems. Aber
es ist nicht immer so. Manchmal folgt eine Fehlgeburt auf die
andere …

Eine Fehlgeburt kann, wie Sie vielleicht selbst schon erfahren
haben, schmerzhaft sein. Es kann zu starken Krämpfen, Blutungen und einer Übelkeit kommen, die mehrere Tage anhält. Wird
nach der Fehlgeburt nicht alles Gewebe aus der Gebärmutter
ausgestoßen, muß in einem operativen Eingriff eine Ausscha-
bung vorgenommen werden. Und dennoch, der körperliche
Schmerz ist oft weniger schlimm als der seelische.

Für eine Frau, die sich ein Kind wünscht, ist die Schwangerschaft
eine Zeit der inneren Heiterkeit und der Vorfreude. Der plötzli-
che Verlust des Babys ist eine Enttäuschung und ein seelischer
Schmerz. Noch Jahre nach einer Fehlgeburt erinnern sich
Frauen – selbst solche, die später noch Kinder geboren haben
– an die Babys, die sie verloren haben. Viel schlimmer noch ist
es, wenn mehrere Schwangerschaften nacheinander mit einer
Fehlgeburt enden.

Erfährt eine Frau, die bereits mehrere Fehlgeburten hinter sich
hat, daß sie erneut schwanger ist, fängt sie wieder an, zu hoffen
und sich zu freuen. Sie versucht zwar, diese Gefühle zu unterdrücken, und wendet alle ihr bekannten psychologischen Tricks
an, um sich vor einer weiteren Enttäuschung zu schützen – doch
leider ohne Erfolg. Wenn es auch abgedroschen klingt: Der

Mensch hört nie auf zu hoffen. Selbst wenn die Frau ihre Freude über die Schwangerschaft zurückzuhalten versucht, erwacht wieder ganz automatisch ihr Traum von der Mutterschaft, ihre Sehnsucht nach einem Kind.

Es scheint unmöglich zu sein, nicht zu hoffen. Genauso unmöglich scheint es zu sein, nach einer Fehlgeburt nicht in irrationale Selbstvorwürfe zu verfallen. Diese Vorwürfe lauten meist: Vielleicht habe ich das Baby verloren, weil ich ..., oder: Wenn ich nur nicht ... Falls Sie auch so reagiert haben, wissen Sie, daß diese Selbstanklagen meist unbegründet waren und nur in Ihrer Einbildung existierten. Vielleicht haben Ihre Mitmenschen absichtlich oder unabsichtlich Ihre Selbstvorwürfe genährt, indem sie Ihnen sagten, warum Sie, ihrer Meinung nach, eine Fehlgeburt erlitten haben. Die absurden Gründe, die andere Ihnen zur Erklärung liefern, haben Ihnen vielleicht die Unvernunft Ihrer eigenen Selbstvorwürfe gezeigt und Sie möglicherweise veranlaßt, mit diesen Selbstanklagen aufzuhören.

Eine Frau hörte endlich auf, sich selbst wegen angeblichen Fehlverhaltens zu beschuldigen, als eine Freundin ihr erzählte, sie hätte ihre zwei Babys verloren, weil sie den Vater der Kinder nicht geheiratet habe. Diese Erklärung erschien ihr einfach lächerlich, und sie erkannte daraufhin, daß ihre eigenen Selbstvorwürfe genausowenig begründet waren.

»Wenn ich das nicht getan hätte, vielleicht ...«

Die Geschichte von Jeanne:
Jeanne, die heute sechsunddreißig Jahre alt ist, war das älteste von vier Kindern. Da ihr Vater immer wieder ohne Arbeit war, reichte das Geld oft nicht einmal für das Allernötigste. Wenn ihre Mutter zwei Jobs auf einmal hatte, mußte Jeanne für ihre jüngeren Brüder und Schwestern sorgen. Sie versuchte dann,

so gut es ging, die Mutter zu ersetzen, und sie tat dies auch noch ohne zu klagen, als sie erwachsen wurde. Für sie stand fest, daß sie eines Tages eigene Kinder haben würde. Im letzten Jahr an der High-School wurde sie schwanger. Ihre Eltern überredeten sie, das Kind abtreiben zu lassen – eine Entscheidung, die sie heute noch bedauert. Sie heiratete zum ersten Mal, als sie dreiundzwanzig Jahre alt war, und ließ sich drei Jahre später wieder scheiden. Inzwischen ist sie wieder verheiratet und führt mit Jeff, ihrem jetzigen Mann, seit sieben Jahren eine glückliche Ehe.

»Ich habe mich so gefreut, als ich das erste Mal schwanger wurde, obwohl der Vater des Kindes nicht heiraten wollte. Ich hätte das Kind allein großziehen und ihm ein gutes Zuhause geben können. Doch meine Eltern dachten, ich wäre noch zu jung. Weil ich sie liebte und nicht unglücklich machen wollte, tat ich, was sie für richtig hielten. Als sie mir sagten, ich könnte später noch Kinder kriegen, habe ich ihnen das geglaubt.

Während meiner ersten Ehe wurde ich zweimal schwanger und hatte jedesmal eine Fehlgeburt. Für mich war es eine Tragödie. Doch dann nach meiner Scheidung, als ich Jeff kennenlernte, dachte ich: Eigentlich ist es ganz gut so.

Jeff wollte Kinder genauso wie ich. Als wir unser erstes Kind erwarteten, waren wir im siebten Himmel. Ich war mir sicher, daß alles gutgehen würde. Jeff und ich liebten uns doch so sehr, und wir freuten uns auf dieses Kind. Aber es kam anders. Ich hatte wieder eine Fehlgeburt.

Ich scheine etwas schwer von Begriff zu sein, denn bei der nächsten Schwangerschaft war ich erneut hellbegeistert und, als ich das Baby verlor, genauso deprimiert.

Als ich dann erneut schwanger wurde, schwor ich mir, dieses Mal alles richtig zu machen. Ich überlegte: Vielleicht wäre es das letzte Mal gutgegangen, wenn ich nicht mit Jeff geschlafen hätte, wenn ich nicht ab und zu ein Gläschen Wein getrunken hätte,

wenn ich nicht … Man sucht immer die Schuld bei sich selbst.
Ich beschloß, nur noch positiv zu denken. Sie wissen schon, was
ich damit meine: Alle Sorgen zur Seite schieben, denn Ängste
können ja zu einer Fehlgeburt führen. Als ich dieses Baby dann
verlor, machte ich mir den Vorwurf, nicht positiv genug gedacht
zu haben. Ich weiß, wie dumm das ist – andere Frauen haben
während ihrer Schwangerschaft jede Menge Streß und bekommen trotzdem gesunde Babys –, aber ich wollte einfach den
Fehler bei mir suchen.

Die meisten Vorwürfe mache ich mir wegen meiner Abtreibung.
Ich glaube zwar, daß jede Frau das Recht hat, abzutreiben, aber
tief in meinem Inneren habe ich trotzdem das Gefühl, Gott
bestrafe mich, weil ich mein erstes Kind getötet habe. Dabei
glaube ich eigentlich gar nicht an Gott. Es macht also nicht viel
Sinn, aber es ist eben so.

Als ich zum letzten Mal schwanger wurde, sagte ich mir: Wenn
es diesmal wieder zu einer Fehlgeburt kommt, werde ich mich
sterilisieren lassen. Meine Leidensfähigkeit war erschöpft. Ich
war sechsmal schwanger und habe trotzdem kein Kind bekommen.«

Jeannes seelische Wunden sind noch nicht verheilt. Während
unseres langen Gesprächs kämpfte sie ständig gegen ihre Tränen an. Sie sollte sich eigentlich einer Therapie unterziehen,
aber sie kann es sich finanziell nicht leisten. Jeanne meint, unser
Gesundheitssystem müßte verbessert werden, damit alle Frauen
bei einer Abtreibung, einer Fehlgeburt oder einer Sterilisation
psychologische Betreuung erhalten.

Eileiterschwangerschaften

Eileiterschwangerschaften, bei denen sich das befruchtete Ei
statt in der Gebärmutter im Eileiter einnistet, sind viel seltener

als Fehlgeburten. Oft bemerken die Frau und ihr Arzt die Eileiterschwangerschaft erst, wenn akute Unterleibsschmerzen einsetzen. Bricht bei einer unerkannten Eileiterschwangerschaft die Eileiterwand durch, kommt es zu massiven inneren Blutungen. Da akute Lebensgefahr besteht, muß die Frau schnellstmöglich ins Krankenhaus gebracht werden, wo sie gerettet werden kann. Eine Frau, die diese Erfahrung hinter sich hat, ist erst einmal froh, überhaupt noch am Leben zu sein. Die Reaktion auf die abgebrochene Schwangerschaft stellt sich erst später ein.

Es könnte ja sein, daß Sie am eigenen Leib erfahren haben, wie furchterregend und lebensbedrohend eine unerkannte Eileiterschwangerschaft ist, wenn sie zum Durchbruch kommt. Vielleicht wurden Ihre Fortpflanzungsorgane dabei geschädigt, so daß Sie nur noch bedingt oder gar nicht mehr gebärfähig sind. Falls Sie wieder schwanger werden können, haben Sie verständlicherweise Angst, daß Ihnen das gleiche noch einmal passieren könnte. Vielleicht haben Sie (und Ihr Mann und Ihre Familie) sich entschieden, das Risiko einer erneuten Schwangerschaft nicht mehr eingehen zu wollen.

»Ich bin nicht mehr vollständig«

Die Geschichte von Isabel:
Isabel ist eine vierzig Jahre alte Physiotherapeutin. Sie wuchs in San Antonio auf, wo sie auch heute noch lebt, genau wie ihre Eltern und ihre drei Brüder. Sie ist eine eifrige Leserin von Liebesromanen und singt mit Begeisterung im Kirchenchor. Ihre zwei Ehen wurden geschieden; zur Zeit lebt sie allein.

»Ob Sie es glauben oder nicht, ich hatte in meiner ersten Ehe zwei Eileiterschwangerschaften. Nach der ersten dachte ich, das kann dir nicht noch einmal passieren, aber da hatte ich falsch gedacht. Das zweite Mal nistete sich das Ei an der Stelle ein, wo der Eileiter auf die Gebärmutterwand trifft, und das ist tödlich für den Eileiter. Er ist dann gerissen, und zwar ziemlich bald. Als ich in die Notfallstation eingeliefert wurde, hatte ich wegen der starken Blutungen weder Puls noch Blutdruck. Ich kann von Glück sagen, überhaupt noch am Leben zu sein.

Es mußten beide Eileiter, ein Eierstock und ein kleines Stück von der Gebärmutter entfernt werden. Eine nochmalige Schwangerschaft ist also sehr unwahrscheinlich. Daß ich nicht mehr fortpflanzungsfähig bin, war mir damals wirklich egal. Ich war viel zu krank, um mir darüber Gedanken zu machen. Erst nach meiner zweiten Scheidung ist mir so richtig zum Bewußtsein gekommen, daß ich keine Kinder bekommen kann. Ich bin sehr traurig darüber, denn eigentlich habe ich mir immer Kinder gewünscht.

Es gab Zeiten in meinem Leben, in denen ich sehr darunter litt, daß mein Körper nicht mehr komplett war. Als ich nach meiner ersten Scheidung wieder anfing, mit Männern auszugehen, erzählte ich ihnen von meinem Handicap, sobald ich das Gefühl hatte, daß es ernsthafter zu werden begann. Ich wollte mich nicht näher mit einem Mann einlassen, der sich Kinder wünschte. Es wäre nicht fair gewesen, ihm erst später zu sagen, daß ich keine Kinder bekommen kann. Ich glaube, es war für mich auch so eine Art Test, um zu sehen, ob ich nach diesem Geständnis für den Mann immer noch begehrenswert war.

Mein zweiter Mann war nicht zeugungsfähig, da er Probleme mit seinem Sperma hatte. In seiner ersten Ehe wollte er Kinder bekommen, und es hat ihn tief getroffen, daß es wegen ihm nicht möglich war. Wir beide hatten also dasselbe Problem und paßten in dieser Hinsicht gut zusammen. Wir überlegten uns, ob wir Kinder adoptieren sollten. Aber bevor es soweit kam, haben wir uns wieder scheiden lassen. Ich möchte immer noch Kinder, aber ich kann mir eine Adoption nicht leisten. Meine letzte Hoffnung ist es, einen netten Mann zu finden, der bereits Kinder hat. Ich könnte denen dann die Mutter oder zumindest die Stiefmutter sein. Es wäre schön, wenn das noch klappen würde. Der Gedanke, nie Kinder zu bekommen, ist einfach deprimierend.«

Totgeburten

Keine der Frauen, von denen Sie bis jetzt gelesen haben, hat ihr Kind bis zum vorgesehenen Geburtstermin ausgetragen und es dann zur Welt gebracht. Die Frauen, von denen ich jetzt berichte, haben dies getan. Sie haben sich neun Monate auf ihr Baby gefreut, doch als es dann geboren wurde, haben sie es gleich wieder verloren. Wir alle können uns vorstellen, wie schrecklich es sein muß, ein totes Kind zu gebären. Es ist für die betroffene Frau ein schwerer Schock. Nach den Anstrengungen der Geburt legt man ihr kein Baby zum Streicheln, Liebhaben und Stillen in die Arme. Nach ihrer Entlassung aus dem Krankenhaus muß sie die vorbereitete Babykleidung wegräumen oder herschenken, das Babybettchen, das sie so liebevoll ausgesucht hat, einlagern oder zurückgeben. Sie muß lernen, den Tod ihres Babys hinzunehmen. Ich war sehr verzweifelt über meine Kinderlosigkeit, aber ich wußte, noch schlimmer wäre es für mich gewesen, schwanger zu sein und das Baby zu verlieren, oder ein Kind zu haben, dem irgend etwas zustößt.

»Dieses schreckliche Gefühl von Verlust«

Die Geschichte von Beverly:
Beverly wuchs in einem kleinen Städtchen in Kentucky auf. Ihren Eltern gehörte der einzige Lebensmittelladen der Stadt.

Die Familie wohnte über dem Laden im ersten Stock. Während die Eltern unten arbeiteten, spielten Beverly und ihre Zwillingsschwester stundenlang mit ihren Puppen und Ausschneidefiguren. Beverly heiratete ihre Schulliebe und liebt ihr Leben als Hausfrau. Sie ist inzwischen fünfundvierzig Jahre alt.

»Ich habe immer gesagt, wenn ich einmal groß bin, werde ich zehn Kinder bekommen. Meine Schwester und ich, wir wollten immer viele Kinder haben. Mein Mann war nie so verrückt auf Kinder, aber er wußte, daß es für mich wichtig war.

Wir heirateten, als ich zwanzig Jahre alt war. Ich weiß nicht warum, aber ich wurde lange nicht schwanger. Wir leben in einer kleinen Stadt und sind nie zu einem Spezialisten gegangen. Doch dann wurde ich endlich nach achtjähriger Ehe schwanger, aber ich hatte eine Fehlgeburt. Ich habe sehr darunter gelitten. Vier Jahre später wurde ich erneut schwanger. Diesmal riet mir mein Arzt in der Stadt, eine Fruchtwasserpunktion machen zu lassen. Ich habe das auch getan und dabei erfahren, daß ich einen Sohn bekommen werde. Ich war begeistert. Ich habe dann den Namen Richard Lee für ihn ausgesucht, jede Menge Babykleidung gekauft und sein Zimmer eingerichtet.

Die Schwangerschaft verlief ganz normal. Als die Wehen einsetzten, ging ich ins Krankenhaus. Dort hatte ich dann eine Totgeburt. Ich konnte es nicht glauben. Die Schwestern legten mich in ein Zimmer weit weg von den Müttern mit ihren Neugeborenen. Dann brachten sie mir das tote Baby und fragten, ob ich es in den Arm nehmen möchte. Ich lehnte ab. Ich wünschte so, irgend jemand hätte mir damals beigestanden, mir geholfen, mit meinen Gefühlen umzugehen, meinen Sohn in den Arm zu nehmen. Vielleicht hätte ich diesen schrecklichen Verlust dann besser ertragen. Das Schuldgefühl, weil ich mein eigenes Baby nicht in den Arm genommen habe, hat mich nie verlassen. Ich kann nicht einmal mit meinem Mann darüber sprechen. Sie sind der erste Mensch, dem ich dies erzählt habe.

Ich wünsche mir zwar immer noch Kinder, aber ich habe es nie wieder versucht. Ich könnte dies nicht noch einmal durchmachen. Ich beneide meine Schwester und meine Schwägerinnen, weil sie Kinder haben. Jedesmal, wenn ich bei einem Baseballspiel, einer Schulabschlußfeier oder einer Hochzeit bin, überlege ich mir, wie es wohl wäre, wenn ich meinem eigenen Kind zuschauen könnte. Ich habe den Verlust meines Sohnes nie überwunden. Ein Gefühl der Leere ist geblieben.«

Bei der Vorstellung, wie Beverly damals allein in ihrem Krankenhauszimmer lag, möchte ich am liebsten die Uhr zurückdrehen, um bei ihr zu sein, wenn ihr kleiner Sohn gebracht wird. Ich möchte ihr helfen, ihm »Auf Wiedersehen« zu sagen. Wie die Eltern von Elizabeth ist auch das Krankenhauspersonal bei tragischen Fällen oft selbst so traurig, daß es nicht helfen kann, wenn Hilfe so wichtig wäre. Wir werden noch öfter die Erfahrung machen, daß der Kummer, weil man kein Baby bekommen kann oder weil man es verloren hat, eine Frau viele Jahre ihres Lebens begleitet.

Körperliche Behinderungen, genetische Probleme und Krankheiten

Körperliche Behinderungen

Es stimmt, daß viele körperbehinderte Frauen Mütter werden, selbst solche mit schweren Behinderungen, wie zum Beispiel einer doppelseitigen Lähmung. Für viele andere ist es jedoch nicht möglich. Manchen behinderten Frauen fehlen die körperlichen Voraussetzungen für eine Schwangerschaft und Geburt. Andere sind körperlich zwar in der Lage, Kinder zu gebären, aber sie können sie aufgrund ihrer Behinderung nicht versorgen, das heißt, sie können sie nicht halten, nicht füttern und nicht hochheben. Für diese Frauen ist es praktisch unmöglich, ein Kind zu versorgen, es sei denn, sie haben die finanziellen Mittel, um eine ständige Hilfe zu bezahlen.

Es ist also leider so, daß viele körperlich behinderte Frauen, zu all den anderen Beeinträchtigungen in ihrem Leben, auch noch auf eigene Kinder verzichten müssen. Sie leiden unter körperlichen Beschwerden und einer labilen Gesundheit. Sie sind von anderen abhängig. Familienmitglieder oder bezahlte Helfer müssen ihnen bei den täglichen Verrichtungen beistehen. Ihre Bewegungsfähigkeit ist oft eingeschränkt; dadurch wird die Welt, zu der eine körperlich behinderte Frau Zugang hat, sehr klein. Alltägliche Aktivitäten, die für andere Frauen selbstverständlich sind, wie zum Beispiel ein Bad nehmen, einen Brief zur Post bringen oder ins Kino gehen, bedürfen bei ihr der Planung und oft der Mithilfe anderer.

Auch die sozialen Kontakte sind beeinträchtigt. Fällt ein Mensch durch sein abweichendes Äußeres auf, muß er damit rechnen, daß Fremde ihn anstarren und zu tuscheln beginnen. Manche fühlen sich unwohl in der Gegenwart von Menschen, die sichtbar anders sind, und versuchen, ein Zusammentreffen zu vermeiden. Sucht die körperbehinderte Frau nun aber die Nähe gerade dieser Menschen, muß sie erst versuchen, deren Ängste vor ihrem Anderssein abzubauen. Die Beeinträchtigungen ihrer Beweglichkeit erschweren es ihr, soziale Kontakte aufrechtzuerhalten, was oft in die soziale Isolation führt.

Auch behinderte Menschen haben eine Sexualität. Dies wird von vielen gesunden Menschen ignoriert oder gar geleugnet. Vor meinem Interview mit Beth erzählte ich beiläufig einem Freund, daß meine nächste Gesprächspartnerin eine seit ihrer Geburt behinderte Frau ist, woraufhin dieser sonst kluge und sensible Mann mich fragte: »Sie wollte doch aber sicherlich nie Mutter werden, oder?«

»Ich hätte alles dafür gegeben«

Die Geschichte von Beth:
Beth ist sechsundfünfzig Jahre alt und an den Rollstuhl gefesselt. Sie lebt mit ihren alten Eltern in einer kleinen Stadt in Iowa. Von wenigen Ausnahmen abgesehen, verbrachte sie ihr ganzes Leben zu Hause. Sie gehört zu einer großen, streng religiösen Familie mit starkem Zusammenhalt. Beth lächelt wehmütig, als sie mir von ihrem Kinderwunsch erzählt.

»Ich hätte so gern Kinder gehabt. Ich hätte alles dafür gegeben. Wie alle anderen Heranwachsenden hoffte auch ich, eines Tages zu heiraten und Kinder zu bekommen. Wäre es bei mir zu einer Heirat gekommen, dann hätte ich auch Kinder gehabt, da bin ich mir ganz sicher. In dieser Hinsicht bin ich vollkommen normal. Wahrscheinlich habe ich wegen meiner Behinderung keinen Mann kennengelernt, der mich heiraten wollte. Ich wünschte mir so ungefähr ein Dutzend Kinder, für die ich auch schon Namen ausgesucht hatte. Mary Ann und Ann Marie für Mädchen und John und David für Jungen waren meine Lieblingsnamen.

Ich war nicht verbittert und auch nicht eifersüchtig, ich habe es akzeptiert, daß ich keine Kinder bekommen kann. Ich habe deswegen auch nicht geweint, es hat mich nur traurig gemacht. Die anderen verstehen mich nicht wirklich. In meiner Religion glauben wir an ein Leben nach dem Tod. Die Gemeindemitglieder haben mir immer gesagt: ›Du wirst in deinem nächsten Leben Kinder bekommen.‹ Ich hätte sie aber lieber jetzt gehabt, wer weiß, wie es dort einmal sein wird.

Ich bin wütend, wenn in der Zeitung oder im Fernsehen von Frauen berichtet wird, die ihre Kinder vernachlässigen oder mißhandeln. Sie verdienen es nicht, Kinder zu haben. Es ist nicht fair, daß sie Kinder haben und ich nicht. Ich wäre eine gute Mutter geworden, da bin ich mir ganz sicher.

Ich habe fünf Neffen und acht Nichten. Ich freue mich über ihre Fortschritte, genauso wie ich das bei meinen eigenen Kindern getan hätte. Neffen und Nichten sind wirklich etwas Schönes, aber es ist nicht das gleiche wie eigene Kinder. Später, wenn ich noch älter bin, werde ich eigene Kinder doppelt vermissen. Was wird, wenn meine Eltern sterben? Für mich gibt es dann keine Kinder, an die ich mich anlehnen kann.

Jeden Tag sitze ich am Fenster und beobachte die Kinder, wie sie aus der Schule kommen. Die sind ja so niedlich! Ein wenig schmerzt es mich noch immer, daß ich nie Mutter sein durfte. Ich hätte alles dafür gegeben, nur ein einziges Kind zu bekommen.«

Von all den visuellen Eindrücken, die mir von meinen Interviews geblieben sind, sehe ich das Bild von Beth am deutlichsten vor mir. Sie sitzt in ihrem Rollstuhl am Fenster und beobachtet die Kinder auf ihrem Schulweg.

Genetische Probleme und Krankheiten

Eine schwere Entscheidung lastet auf den Frauen, die wissen, daß sie oder ihr Partner Träger eines rezessiven genetischen Defektes sind. Dasselbe gilt für Frauen, die an bestimmten, schwerwiegenden Krankheiten leiden. Bei den einen lautet die Frage: »Will ich ein Kind haben, auch auf die Gefahr hin, daß es mit einer schweren, vielleicht sogar tödlichen Krankheit auf die Welt kommt?«, und bei den anderen: »Will ich ein Kind haben, auch auf die Gefahr hin, daß die Schwangerschaft meines und vielleicht auch das Leben des Kindes gefährdet?« Sollten Sie selbst einmal vor solchen Fragen gestanden haben, wissen Sie, wie quälend dies sein kann.

Manche genetischen Defekte kommen fast ausschließlich in bestimmten ethnischen Gruppen vor. So findet man die Tay-Sachs-Krankheit vorwiegend bei der jüdischen Bevölkerung, während die Sichelzellenanämie fast ausschließlich bei Afro-Amerikanern vorkommt. Erbkrankheiten können jedoch auch rein familiär und nicht ethnisch bedingt sein, wie dies zum Beispiel bei Mukoviszidose der Fall ist.

Frauen, die sich mit einem solchen Problem auseinandersetzen müssen, gehen meist zu einer genetischen Beratungsstelle. Dort wird man herauszufinden versuchen, mit welcher Wahrscheinlichkeit die Krankheit bei dem zu erwartenden Kind auftreten kann. Wenn diese nur sehr gering ist, ist es möglich, daß sich die Frauen für eine Fortsetzung der Schwangerschaft entscheiden.

Zwei Diagnostikmethoden können Aufschluß über bestimmte Entwicklungen in der Schwangerschaft geben. Bei der ersten, der Fruchtwasseruntersuchung, wird eine Fruchtwasserprobe analysiert, bei der zweiten, der Chorionzottenbiopsie, eine Gewebeprobe der Plazenta. Erfährt eine Frau auf diesem Wege, daß sie ein krankes Baby auf die Welt bringen wird, steht es ihr frei, die Schwangerschaft abzubrechen. Krankheitsbilder, die sich durch diese Diagnostikmethoden feststellen lassen, sind zum Beispiel das Down-Syndrom (Mongolismus), Muskeldystrophie (Muskelschwund), Spina bifida (offener Rücken) oder Hämophilie (Bluterkrankheit).

Manche Frauen – insbesondere diejenigen, die ein Geschwister an einer Erbkrankheit leiden und sterben sahen – entscheiden sich mit oder ohne genetischer Beratung, daß sie das Risiko, ein Kind zu gebären, das eine schmerzhafte, stark beeinträchtigende, nicht heilbare Krankheit hat, nicht eingehen wollen.

Andere Frauen wiederum bleiben kinderlos, weil sie selbst schwerwiegende gesundheitliche Probleme haben, die eine Schwangerschaft nicht ratsam erscheinen lassen. Frauen mit Herz- oder Nierenkrankheiten, Diabetes, Tuberkulose oder sonstigen ernsthaften Erkrankungen wird wegen möglicher Komplikationen geraten, auf eine Schwangerschaft zu verzichten. Eine Schwangerschaft würde für den Körper dieser Frauen eine zusätzliche Belastung darstellen und ihren geschwächten Organismus destabilisieren. Werden Frauen mit diesen gesundheitlichen Problemen schwanger, kann dies für sie und das Baby gefährlich werden. Manchen Frauen hat man vielleicht nicht strikt von einer Schwangerschaft abgeraten, aber sie spüren, daß sie aufgrund ihrer Krankheit nicht genügend Kraft für eine Schwangerschaft und Geburt und das Großziehen eines Kindes hätten. Sie brauchen schon jetzt ihre ganze Energie und Willensstärke, um ihren Alltag zu meistern.

»Ein Stück von mir ist verlorengegangen«

Die Geschichte von Jo-Ann:
Mit acht Jahren verlor Jo-Ann ihre Mutter. Obwohl sie ein gutes Verhältnis zu ihrem Vater und ihren Großeltern väterlicherseits

hatte, die nach dem Tod der Mutter zu ihnen gezogen waren, sehnte sie sich immer nach einer Mutter.

Jo-Ann hat noch drei Brüder und Schwestern, die jedoch alle bedeutend älter sind. Sie lebt in einer kleinen Stadt in Colorado, wo sie vor sechs Jahren zum zweiten Mal geheiratet hat. Sie ist mit ihrem Leben als Hausfrau zufrieden, sie bastelt, näht und restauriert Möbel. Jo-Ann hat Diabetes.

»Als ich beim ersten Mal entdeckte, daß ich schwanger war, hat mich das natürlich gefreut, aber es dauerte eine Weile, bis ich mir Gedanken machte, ob es wohl ein Mädchen oder ein Junge wird, was für eine Art Mutter ich und was für eine Art Vater mein Mann sein werden.

Mein erstes Kind war ein kleines Mädchen. Sie wurde nach sieben Monaten geboren und lebte nur drei Stunden. Ich hatte damals eine schwere Lungenentzündung und habe gar nicht so genau mitgekriegt, was mit dem Baby alles nicht in Ordnung war. Sechs Jahre später wurde mein Sohn geboren, auch er ein Sieben-Monats-Kind. Dies war meine letzte Schwangerschaft. Wir nannten ihn Patrick. Er wog etwas mehr als 5700 Gramm und lebte zweieinhalb Monate in einem Brutkasten. Ich war die ganze Zeit im Krankenhaus. Am Ende mußten wir uns entscheiden: Sollte er endlos an die lebensspendenden Maschinen angeschlossen bleiben? Sollten die Apparate beim nächsten Rückschlag abgeschaltet werden? Wir haben ihn sterben lassen.

Zwei Babys zu verlieren, das ist sehr schmerzhaft. Was man dabei fühlt, ist mit Worten kaum zu beschreiben. Mit jedem Baby ist ein Stück von mir verlorengegangen. Als ich das Krankenhaus verließ, war es, als ob ich nur vorübergehend weggehe, wie wenn ich etwas zurückgelassen hätte, das ich später noch abholen wollte.

Nach dem Tod meines zweiten Kindes habe ich mich sterilisieren lassen. Ich weiß nicht mehr, wie ich es überstanden habe.

Mein starker Glaube hat mir wahrscheinlich viel dabei geholfen. Er hat mich eine innere Kraft finden lassen, von der ich gar nicht wußte, daß ich sie besitze. Ich glaube, der Verlust dieser zwei Kinder war ein Grund, warum meine erste Ehe zerbrochen ist. Wir sind mit der Situation nicht fertig geworden. In gewisser Weise habe ich auch meinen Mut verloren. An eine Adoption habe ich nie gedacht, auch nicht mit meinem jetzigen Mann. Das Kapitel Kinder ist für mich abgeschlossen.«

Als Jo-Ann mir schrieb, dachte ich zuerst, sie passe nicht in meine Studie. Ich suchte Frauen, die nie Mutter sein durften, und Jo-Ann hatte zwei Kinder geboren. Aber nachdem ich mir überlegte, daß sie nicht eines ihrer beiden Kinder nach der Geburt mit nach Hause nehmen konnte, wurde mir klar: Jo-Ann ist genauso eine kinderlose Frau wie Sie und ich.

Problematische Partnerbeziehungen

Männer, die keine Kinder wollen

Der Traum, den richtigen Mann zu finden und eine Familie zu gründen, kann für die Frau, die diesen Mann zwar findet, schnell an Schönheit verlieren, wenn sie erfährt, daß dieser Mann keine Kinder haben will. Der häufigste Grund, warum Männer keine Kinder möchten, ist der, daß sie aus einer früheren Ehe bereits Kinder haben und sich keine zweite Familie wünschen. Diese Männer haben sich oft bereits sterilisieren lassen oder planen eine Sterilisation (Vasektomie). Da es immer mehr Scheidungen und Wiederverheiratungen gibt, sieht sich eine immer größer werdende Zahl von Frauen in einer solchen Lage.

Wenn Sie einen Mann lieben (oder gerade dabei sind, sich zu verlieben), der keine Kinder möchte, stehen Sie vor der schwierigen Frage: Sollen Sie sich für den Mann entscheiden, der ein wirklicher Teil Ihres Lebens ist, oder sollen Sie die Beziehung beenden, um Ihren Traum von der idealen Situation, das heißt, ein liebender Ehemann und Kinder, weiterhin zu verfolgen. Wenn Sie letzteres wählen, müssen Sie weiter nach einem Partner suchen, der Kinder möchte. Es kann Jahre dauern, bis Sie »dem Richtigen« begegnen, sich in ihn verlieben und dann heiraten. Und selbst dann haben Sie keine Garantie, ob Sie auch Kinder bekommen können. Wenn die Frau auf den Mann, den Sie liebt, verzichtet und keinen neuen Partner findet, der all ihren Vorstellungen entspricht, läuft sie Gefahr, den Rest ihres Lebens allein zu verbringen, ohne Ehemann und ohne Kind.

Die Frau, die sich entschließt, den Mann, den sie liebt, zu heiraten, tut dies vielleicht mit dem Gedanken, ihn später zu einer Änderung seiner Meinung überreden zu können, oder sie sagt sich (und hofft, daß sie sich dabei nichts vorlügt), Kinder sind mir doch eigentlich gar nicht so wichtig. Oft versteht sie sehr gut, warum der Mann keine weiteren Kinder mehr will: Er hat mit seinen Kindern viel Aufregung und Ärger erlebt, oder er wünscht sich in seinem Alter (der Mann ist im allgemeinen älter als die Frau) mehr Ungebundenheit und weniger Verantwortung. Dies ist die Situation, wo Frauen oft mehr an den geliebten Mann denken als an sich selbst. Sie richten sich nach den Bedürfnissen und Wünschen des Mannes und bemerken gar nicht, daß sie dabei ins Hintertreffen geraten. Sie erkennen nicht, daß ihre eigenen Wünsche und Bedürfnisse genauso wichtig und entscheidend für eine gute Zweierbeziehung sind.

Die Frau (und ihr Mann) ist dann oft erstaunt, daß die Frage »Kinder oder nicht?« für sie zu einem bedrückenden Thema wird, das entweder den Seelenfrieden und das Glück der Frau und/oder die Partnerbeziehung bedroht. Diese Situation kann sich sehr plötzlich oder aber im Laufe der Jahre ergeben, wenn der Rausch der ersten Liebe und die enge Bindung in der noch neuen Ehe durch das Verlangen nach einem Kind abgelöst wird. Häufig wirft die Frau ihrem Mann dann vor, ihr das gewünschte Kind zu verweigern.

»Was habe ich getan?«

Die Geschichte von Gwen:
Gwen gehörte nicht zu denen, die sich schon immer als Mutter gesehen haben. Sie war vier Jahre alt, als ihr Vater ihre Mutter wegen einer anderen Frau verließ. Für ihre Mutter war es nicht einfach, die drei Kinder allein großzuziehen. Gwen verstand und akzeptierte die Ermahnungen ihrer Mutter, in der Schule gut zu

lernen, erfolgreich im Beruf zu sein und nie von einem Mann abzuhängen. Erst als sie auf die Dreißig zuging, kam Gwen der Gedanke, daß sie eigentlich auch noch gern ein Kind hätte. Als sie ihren Mann Don kennenlernte, der elf Jahre älter ist als sie, entwickelte sich zwischen den beiden sofort eine tiefe Zuneigung. Don hatte zwei halbwüchsige Kinder aus einer früheren Ehe und wollte keine weiteren Kinder. Für Gwen war es die erste Ehe. Sie ist jetzt fünfunddreißig Jahre alt und arbeitet als Chefbuchhalterin bei einem großen Versicherungsmakler in New York City. Gwen liebt ihre Arbeit.

»Als wir zum ersten Mal davon sprachen, ein Haus zu kaufen und zusammenzuziehen, kam auch das Thema Kinder auf. Dabei erklärte Don, daß er keine mehr wolle. Ich konnte sehr gut verstehen, warum, denn seine beiden Kinder im Teenageralter hatten gerade jede Menge Probleme, und er hatte keine Lust, das alles noch einmal durchzumachen.

Zu jener Zeit war mein Kinderwunsch auch noch nicht so ausgeprägt. Wir sprachen im darauffolgenden Jahr noch so ungefähr dreimal darüber, aber immer mit demselben Ergebnis. Don war mir auch wichtiger als die Möglichkeit, irgendwann Kinder zu bekommen.

Wir kauften dann das Haus, und kurz nachdem wir eingezogen waren, ließ Don sich sterilisieren. Obwohl wir darüber gesprochen hatten, war ich, als er es tatsächlich machen ließ, schockiert. Es fiel mir wie Schuppen von den Augen: Was habe ich getan!? Die Endgültigkeit dieses Schrittes wurde mir bewußt. Ich fühlte, daß mir etwas versagt blieb, daß ich mein Schicksal nicht mehr selbst bestimmen konnte. Ich habe auf etwas verzichtet und wußte es nicht, bis es zu spät war.

Ich war sehr böse auf Don. Selbst heute, wenn wir auf das Thema zu sprechen kommen, was manchmal der Fall ist, überkommt mich der Zorn. Ich bin wütend, daß es geschehen ist, und ich nehme es Don übel. So wie ich auf die Sache reagiere, habe ich manchmal den Eindruck, daß die Entscheidung für mich nicht endgültig ist. Mein Gefühl für Don ist immer noch stärker als mein Kinderwunsch, aber ich weiß um die Möglichkeit, daß das Pendel nach der entgegengesetzten Seite ausschlägt.

Wenn ich damals gewußt hätte, was ich heute weiß, oder auch nur, wie ich mich nach der Vasektomie von Don gefühlt habe, hätte ich dafür gekämpft, daß diese Entscheidung noch hinausgezögert wird.

Ich habe nicht leichten Herzens zugestimmt, aber heute erstaunt es mich doch, daß ich nicht auf noch mehr Überlegung, noch mehr Diskussion gedrängt habe. Don und ich haben über dieses Thema im Kreis argumentiert, und er besteht darauf, daß, wenn er gewußt hätte, was es mir bedeutet, er damals keine so endgültige Entscheidung getroffen hätte. Sein Erinnerungsvermögen unterscheidet sich sehr stark von meinem, was, meiner Erfahrung nach, nichts Ungewöhnliches bei Männern und Frauen ist.

Es war einfacher, mich in seine Lage zu versetzen als in meine. Das war der große Fehler, den ich gemacht habe, jedenfalls sehe ich das heute so. Ich habe meine Bedürfnisse der Partnerbeziehung geopfert.«

Gwen ärgert es vor allen Dingen, daß sie nicht mehr bestimmen kann, wie ihr Leben aussehen wird. Sie schließt die Möglichkeit nicht aus, daß sie »ja« zu einem Leben ohne Kinder gesagt hätte. Sie würde ihre Kinderlosigkeit ganz anders empfinden, wenn es *ihre* Entscheidung gewesen wäre und nicht eine Entscheidung, die ihr aufgedrängt wurde. Viele Frauen äußern sich ähnlich, und nicht nur solche mit Partnern, die keine Kinder wollen. Dieses Gefühl der Ohnmacht macht es viel schwieriger, die Kinderlosigkeit zu akzeptieren. Gwen ist ein ehrlicher Mensch. Sie weiß, daß sie, rational gedacht, sich nicht an eine Vereinbarung hält, die sie aus freien Stücken getroffen hat. Es handelt sich hier um die klassische Situation, bei der das Herz stärker ist als der Verstand.

Partner, die sich nicht als Vater eignen

Es gibt Frauen, die kinderlos bleiben, weil sie sich nur in Männer verlieben, die so starke Charakterschwächen haben, daß sie sich nicht als Vater eignen. Natürlich gibt es auch genügend Frauen, die mit Männern dieser Art Kinder haben. Bei den von mir interviewten Frauen war es jedoch so, daß sie sich zwar oft sehnlichst Kinder wünschten, aber darauf verzichteten, weil ihre Partner keine guten Väter geworden wären. Männer, die notorisch untreu oder alkohol- beziehungsweise drogenabhängig sind, die ihr Geld verspielen, arbeitslos oder gewalttätig sind, die im Gefängnis sitzen oder sich verstecken, damit sie nicht dorthin kommen – Männer dieser Art bringen sehr viel Aufruhr in das Leben einer Frau. Da ein solches Zuhause einem Kind nicht die Sicherheit und Stabilität bietet, die es für ein gutes Gedeihen braucht, entscheiden viele Frauen sich aus diesem Grund gegen ein Kind.

Der objektive Beobachter ist oft erstaunt, daß Frauen in solchen Situationen ausharren. Die Motivation ist zwar für jede Frau eine andere, aber unterschwellig sind nie verheilte, seelische Wunden der Antrieb für ihr Tun. Sie versucht nun diese Wunden zu heilen, indem sie sich ein wiederholendes Verhaltensmuster aneignet oder indem sie in einer Beziehung ausharrt. Eine Frau, die erlebt hat, wie ihr alkoholkranker Vater sich und sein Leben zerstört, versucht ihn möglicherweise symbolisch dadurch zu retten, daß sie Beziehungen zu alkoholabhängigen Männern eingeht, denen sie glaubt, helfen zu können. Eine Frau, die als Kind mißhandelt wurde, ist überzeugt, daß sie nicht liebenswert ist oder Glück und Liebe nicht verdient, denn: Wäre sie liebenswert und verdiente sie Glück, hätten ihr Vater, ihre Mutter oder beide sie als Kind nicht mißhandelt. Sie läßt sich also mit Männern ein, die sie ebenfalls schlecht behandeln. Auf diese Weise bestätigt sie sich, daß ihr schlechter Charakter der Grund für die Mißhandlungen in ihrer Kindheit waren.

Die problematischen Partnerbeziehungen, die diese Frauen haben, greifen oft nicht auf ihre anderen Lebensbereiche über. So können sie Erfolg im Beruf, gute Beziehungen zu Freunden und ihrer Familie haben, und sie wären vielleicht auch fähig, gute Mütter zu sein. Die Frauen, mit denen ich gesprochen habe, glaubten (und ich stimmte ihnen bei), daß sie gute Mütter geworden wären. Die Tatsache, daß sie einem Kind nicht ein Zuhause zumuten wollten, in dem Liebe und Geborgenheit nicht garantiert und in dem die Bedürfnisse der Erwachsenen wichtiger sind als die des Kindes, zeigt, daß sie in diesem Bereich zu einer selbstlosen, reifen Entscheidung fähig waren.

Eine Frau, die an einer solchen Beziehung festhält, wird häufig von ihrer Familie und ihren Freunden kritisiert. Diese macht es wütend, mitansehen zu müssen, wie sie von ihrem Partner behandelt wird. Sie werfen der Frau vor, ihr Leben zu vergeuden, ein Leben, in dem sie von einer Krise in die andere schlittern wird. Manchmal durchschauen Frauen, die sich mit problematischen Männern einlassen, ihr Verhaltensmuster. Sie wissen, warum sie sich einen solchen Mann ausgesucht haben, sie erkennen die treibenden Kräfte, die hinter ihrer Wahl stehen – und trotzdem können sie sich nicht aus diesem Verhaltensmuster lösen.

Sollten Sie sich in dieser Beschreibung wiedererkennen, dann wissen Sie auch, daß das Verständnis einer Situation nicht immer zu einer Änderung dieser Situation führt. In diesem, wie in vielen anderen Bereichen unseres Lebens, in denen unser Verhalten durch nicht verheilte seelische Wunden gesteuert wird, ist es nicht immer leicht, das Naheliegende zu tun.

»Unmögliche Partner«

Die Geschichte von Christiana:
Christiana ist vierunddreißig Jahre alt, gescheit und attraktiv. Sie leitet ein Computer-Beratungsbüro in Houston. Ihre Mutter, die Christiana als eine brillante und kreative Frau beschreibt, schlug sich zwanzig Jahre lang bis zu ihrem Tod mit einem Alkoholproblem und einer Psychopharmaka-Abhängigkeit herum. Christiana sagt, daß die Situation ihrer Mutter sie »stark beeindruckt« hat und daß sie sich in gewisser Weise für ihre Probleme verantwortlich fühlte.
Christiana heiratete Anfang Zwanzig und ließ sich kurz danach wieder scheiden. Sie erlitt während dieser Ehe eine Fehlgeburt. »Ich habe viel darüber nachgedacht, warum ich keine Kinder habe. Der Hauptgrund ist sicherlich der, daß es mir nie gelungen ist, eine dauerhafte Beziehung zu einem geeigneten Vater einzugehen. Erst seit kurzem ist mir klar, daß meine Liebschaften viel mit meiner Kindheit in einer Familie mit Alkoholproblemen zu tun haben. Oft haben die erwachsenen Kinder von Alkoholikern selbst ein Suchtproblem, oder sie haben Partner, die trinken oder Drogen nehmen. Ich gehöre zu den letzteren. Wenn ich auf mein Liebesleben zurückblicke, wundere ich mich selbst, mit welcher Unbeirrbarkeit ich Männer gewählt habe, die Alkohol- und Drogenprobleme haben oder aus gestörten Familienverhältnissen stammen, in denen zum Beispiel Untreue und Spielsucht zur Tagesordnung gehörten. Es versteht sich von selbst, daß diese Männer erst ihre eigenen Verhaltensstörungen überwinden müßten, bevor sie die Vaterrolle übernehmen könnten.
Ich bin froh, daß ich mit allen nach ungefähr zwei Jahren wieder Schluß gemacht habe, denn nicht einer unter ihnen hat in der Zeit unseres Zusammenseins auch nur einen Schritt hin zur Besserung gemacht. Soweit ich informiert bin, trinken sie auch

weiterhin und nehmen Drogen oder betrügen ihre Freundin oder Ehefrau. Ich konnte mir damals nicht vorstellen, unter solchen Umständen ein Kind zu haben, und ich kann es auch heute nicht.

Am allerschlimmsten war meine letzte Liebesaffäre. Zum Glück erkannte ich ziemlich rasch, daß ich einen Fehler gemacht habe, und ich versuchte, schnellstens von diesem Mann wieder loszukommen. Aber der Kerl war sehr hartnäckig. Er drohte mit Selbstmord, wurde gewalttätig und klaute mir und meinem Vater Geld, um seine Drogensucht zu finanzieren, von der ich damals noch nichts wußte.

Er wandte mehrere Tricks an, um mich zu halten. Einer davon war, mich schwanger zu machen. So versuchte er, die Empfängnisverhütung während meiner fruchtbaren Tage zu sabotieren. Er wußte, daß ich ein Baby wahrscheinlich austragen würde, da Abtreibung für mich eine Gewissensfrage ist. Also streifte er sich das Kondom so über, daß es während des Verkehrs abrutschen mußte. Ich flippte aus, als ich die Bescherung sah. Ohne es ihm zu sagen, ging ich zu meinem Frauenarzt und ließ mir die ›Pille danach‹ verschreiben.

Manchmal bin ich sehr traurig, weil ich nie jemanden gefunden habe, mit dem ich eine Familie hätte gründen können. Ich schäme mich für meine unmöglichen Partner. Ich sehe jedoch auch, warum ich so gehandelt habe, und ich sage mir jetzt, daß ich es nicht nötig habe, mir weiterhin Partner zu suchen, bei denen ich von vornherein auf der Verliererseite stehe.«

Christiana hat ihre Hoffnung auf ein Kind zwar noch nicht vollständig begraben, aber sie hält es für sehr unwahrscheinlich, da es in ihrem gegenwärtigen Leben niemanden gibt, der als Vater ihres Kindes in Frage käme. Mit ihrem eigenen Vater versteht sie sich sehr gut. Er hat ihre Partnerwahl immer toleriert, aber nie verstehen können. Wir werden später wieder von Christiana hören.

Lesbische Frauen

Viele lesbische Frauen hätten gern Kinder, aber nur wenige unter ihnen werden tatsächlich Mütter. Sie können aus denselben Gründen kinderlos sein wie heterosexuelle Frauen – Unfruchtbarkeit, Krankheiten, körperliche Behinderungen, Partner, die keine Kinder wollen –, doch zusätzlich spielt bei ihnen ihre ganz spezielle Situation eine Rolle.

Was lesbische Frauen hauptsächlich davon abhält, ein Kind zu bekommen, ist die Überlegung, wie dieses Kind in einer Gesellschaft aufwachsen soll, die Homosexuellen gegenüber meist feindlich eingestellt ist. Für lesbische Frauen kann es schwierig werden, eine unvoreingenommene Betreuungseinrichtung für ihr Kind zu finden. Kommt das Kind dann zur Schule, wird es voraussichtlich das einzige sein, das lesbische Frauen als »Eltern« hat, und möglicherweise wird es deswegen verspottet und verachtet. Vielleicht wird es gar Opfer grundloser Gewalttätigkeiten, denen Homosexuelle immer wieder ausgesetzt sind. Im engeren Umfeld sind es häufig die Eltern und Geschwister von lesbischen Frauen, die ihre Entscheidung für ein Kind nicht gutheißen. Es ist ihnen peinlich, eine lesbische Tochter oder Schwester zu haben, die schwanger ist, und es ist auch möglich, daß sie das Kind nicht akzeptieren würden.

Die zweite wichtige Überlegung, besonders bei Paaren, die eine enge Beziehung haben, beinhaltet die Fragen: Welche Rolle spielt die Frau, die nicht die biologische Mutter ist? Wird es zu einem Konkurrenzkampf um die äußerst wichtige Mutterrolle kommen? Wie will die Frau ihre Position als zweiter Elternteil nach außen erklären? Wie wird sie auf die Frage »Sind Sie die Mutter des Kindes?« reagieren? Wird sie sich als der weniger wichtige Teil im Leben des Kindes sehen? Werden andere sie so sehen? Kann sie ihren Kollegen stolz von der Schwangerschaft berichten und ihre Freude mit ihnen teilen? Wird sie während der Schwangerschaft als zweiter Elternteil in der Praxis des Arztes und im Entbindungssaal willkommen sein?

Nicht geklärt ist in einem solchen Fall auch die Rechtslage. Der nichtbiologische Elternteil hat möglicherweise keinerlei Rechte, auch wenn er sich an der Kindererziehung emotional, finanziell und mit tatkräftiger Hilfe engagiert. Frauen, die in US-Staaten leben, in denen es Homosexuellen erlaubt ist, Kinder zu adoptieren, können ihre Rechte durch Adoption schützen. Diese Möglichkeit steht jedoch nicht allen Frauen offen. Die Frage des Samenspenders muß auch noch geklärt werden. (In manchen Teilen der Vereinigten Staaten gibt es Kliniken, die lesbischen Frauen eine künstliche Befruchtung anbieten. Doch nicht alle Frauen haben Zugang zu diesen Kliniken. Natürlich können unbekannte Samenspender gewählt werden. Viele lesbische Frauen möchten jedoch, daß das Kind biologisch ein Teil beider Partner ist. In diesem Fall wird der Bruder oder sonst ein männlicher Verwandter der einen Frau den Samen spenden, der dann zur künstlichen Befruchtung der anderen Frau benutzt wird. Öfters stellen sich auch Freunde, manchmal auch homosexuelle Männer, als Samenspender zur Verfügung.)

Viele lesbische Frauen und lesbische Paare brauchen Jahre, bis sie mit der Verurteilung ihrer sexuellen Neigung durch die Gesellschaft und ihren daraus resultierenden Schuldgefühlen umgehen können. Wenn sie sich dann aus ihrem Schneckenhaus herauswagen, sind sie oft Ende Dreißig, ein Alter, in dem die »biologische Uhr« bereits sehr laut tickt.

Wegen der vielen Schwierigkeiten, die ihnen entstehen würden, wenn sie Kinder hätten, trauen sich viele lesbische Frauen – wie auch viele ledige Frauen – nicht, diesem Wunsch nachzugeben. Sie ersparen sich dadurch oft viel Leid und Enttäuschung.

»Der Wunsch ist da«

Die Geschichte von Sue Ellen:
Sue Ellen lebt im ländlichen Süden. Sie ist sechsundzwanzig
Jahre alt und arbeitet als Kellnerin. Aufgewachsen ist sie auf
einer Farm, wo ihre Eltern und zwei jüngere Geschwister heute
noch leben. Sie hat noch zwei ältere verheiratete Schwestern
und einen älteren Bruder, der ebenfalls homosexuell ist. Die
Familienbande sind eng und herzlich. Daß sie und ihr Bruder
homosexuell sind, wird von allen akzeptiert. Während ihrer
High-School-Zeit ging Sue Ellen immer wieder mit Jungens aus,
und mit einem von ihnen hatte sie eine sexuelle Beziehung. Aber
die Verabredungen und auch der Sex machten ihr keinen Spaß.
Als sie einundzwanzig Jahre alt war, verliebte sie sich in eine
Frau, die sie bei der Arbeit kennengelernt hatte. Von da an
wußte Sue Ellen, daß sie lesbisch war.
»Ich habe mir die Frage, ob ich ein Kind möchte, schon öfters
gestellt. Ich glaube, die meisten lesbischen Frauen hätten gerne
Kinder. Der Wunsch ist da, doch die wenigsten erfüllen ihn sich.
Fast überall fehlt es den Gemeinschaften von Homosexuellen
noch an moralischen Grundwerten. Paare bleiben selten lange
zusammen. Ich glaube, weil lesbische Paare nicht heiraten
dürfen, machen sie sich auch nicht die Mühe, schwierige Situationen zusammen zu meistern. Die Hintertür steht immer offen.
Wenn man an ein Kind denkt, muß man in Betracht ziehen, daß
die Partnerin vielleicht schon über alle Berge ist.
Die meisten Leute hier sind sehr konservativ. Viele meiner
Freundinnen erzählen nicht einmal ihren Familien, daß sie
lesbisch sind. Ein Kind zu adoptieren wäre in unserer Gegend
sehr schwierig, wenn nicht sogar unmöglich, und über die
künstliche Befruchtung bin ich überhaupt nicht informiert.
Ich bin mit traditionellen Werten groß geworden. Ich möchte
gern eine Frau in meinem Leben haben und das für lange Zeit.

Vor vier Monaten bin ich eine neue Beziehung eingegangen, die voraussichtlich lange halten wird. Wir reden sogar davon, uns von einem Pfarrer trauen zu lassen. Ich möchte gern, daß ein Kind Teil von beiden Partnern ist. Es sollte ein Beweis für die Liebe und Verbundenheit zwischen mir und meiner Freundin sein. Da dies nicht möglich ist, tendiere ich mehr dazu, kein Kind zu bekommen, obwohl ich gern eines gehabt hätte.

Meine Freundin war verheiratet, bevor sie merkte, daß sie lesbisch ist. Sie hat zwei Kinder, die aber nicht bei ihr wohnen. Ich habe die beiden kennengelernt und bin für sie eine Art Freundin. Mir gefällt diese Rolle.«

Sue Ellen ist eine junge Frau. Wenn sie die von ihr angestrebte dauerhafte Beziehung findet, kann sie sich immer noch für ein Kind entscheiden. Bei lesbischen Paaren, die ungefähr fünf Jahre zusammen sind, stellt sich oft der Wunsch nach einem Kind ein. Da mehr und mehr lesbische Frauen Kinder bekommen, muß sich die Gesellschaft, ob sie will oder nicht, an diese untypischen Familien gewöhnen. Vielleicht wird dieser Wandel sogar bis in das konservative Städtchen, in dem Sue Ellen lebt, vordringen.

»Ich bin noch nicht bereit, den Traum aufzugeben«

Die Geschichte von Tina:
Tina ist achtunddreißig Jahre alt und hat drei Geschwister. Ihr Vater, ein Rechtsanwalt, war Bürgermeister in der Stadt in Nebraska, in der Tina aufwuchs. Ihre Mutter ist Sozialarbeiterin. Nachdem Tina ihr Studium im Mittleren Westen abgeschlossen hatte, zog sie nach San Francisco. In dieser Stadt war es ihr möglich, sich offen zu ihren lesbischen Neigungen zu bekennen. Schon bald nach ihrer Ankunft lernte sie Gloria, ihre jetzige Freundin, kennen. Die beiden leben inzwischen seit neun Jah-

ren zusammen. Tina arbeitet als Juristin für den Staat Kalifornien.

»In meiner Jugend war ich oft die Mutter für meine jüngeren Geschwister. Der Wunsch nach einem eigenen Kind kam bei mir erst, als ich Anfang Dreißig war, und auch dann war es nichts Dringendes. Ich wollte erst noch eine bestimmte Stufe bei meiner Karriere erreichen. Aber irgendwann, das wußte ich, wollte ich ein Kind bekommen.

Ich habe Glück, denn meine Eltern akzeptieren mein Anderssein. Und trotzdem – als ich in ihrer Gegenwart einmal von meinem Kinderwunsch sprach, sagten sie: Wieso willst du einem Kind das antun? Ich weiß, was sie damit meinen, denn ein Kind von einem lesbischen Paar wird es nicht leicht haben im Leben. Auf ihm lastet ein großer sozialer Druck. Selbst hier im liberalen San Francisco muß man sich fragen, wie es einem solchen Kind ergehen wird. Ich möchte nicht, daß man es verspottet und verachtet. Es ist schon für einen Erwachsenen nicht leicht, anders zu sein. Auch ich habe lange gebraucht, bis ich mich selbst akzeptieren konnte. Es wäre sehr schwierig für das Kind, lesbische Eltern zu haben.

Sollten wir doch ein Kind bekommen, dann müßte es biologisch ein Teil von uns beiden sein. Bereits vor meiner Zeit mit Gloria habe ich mir dazu folgenden Plan ausgedacht: Meiner Partnerin müßte ein Ei entnommen und mit dem Samen meines Bruders befruchtet werden. Das befruchtete Ei würde dann mir eingepflanzt werden. Auf diese Weise wäre es ein leibliches Kind von uns beiden. Meine Partnerin wäre also die biologische Mutter und ich die Mutter, die das Kind geboren hat.

Ich fange auch langsam an, das gute Leben zu schätzen, das Gloria und ich haben. Wir beide lieben unsere Arbeit und tun viel, um weiterzukommen. Wir kommen und gehen, wie es uns gefällt. Mit einem Kind müßten wir unseren Lebensstil ändern. Also, ich weiß wirklich nicht, für was wir uns entscheiden werden. Obwohl sie es nicht gesagt hat, glaube ich, Gloria hätte lieber kein Kind. Aber ich kann den Traum noch nicht aufgeben.«

Während unseres Gesprächs zeigte sich, wie unentschlossen Tina ist. Sie will zwar ein Kind, aber sie ist sich der Argumente, die dagegen sprechen, sehr bewußt. Seit sie und Gloria ein Haus gekauft und einen Hund angeschafft haben, hat Tina ein Lebewesen, das sie umsorgen kann. Sie ist ganz vernarrt in das Tier. Tina will, falls sie ein Kind bekommen wird, ihren Job wechseln. Sie möchte dann eine Arbeit, wo sie mehr mit Menschen zu tun hat, wie zum Beispiel in der Rechtsbeihilfe für bedürftige Personen. Ohne eigenes Kind muß Tina ihre mütterliche Energie in andere Kanäle lenken.

Die »biologische Uhr«

Die »biologische Uhr«, die immer lauter zu ticken beginnt, ist zum Symbol geworden für das bange Wissen der Frau, daß ihre fruchtbaren Jahre sich dem Ende zuneigen und ihr die Zeit davonläuft. Es gibt zwar Frauen, die noch mit Ende Vierzig ein Kind gebären, aber das ist doch eher die Ausnahme als die Regel.

Ältere Frauen leiden häufiger unter Komplikationen während der Schwangerschaft. (Wenn in bezug auf eine Schwangerschaft von älteren Frauen gesprochen wird, ist damit das Alter zwischen fünfunddreißig und vierzig Jahren gemeint.) Für eine Zwanzigjährige ist es einfacher, schwanger zu werden, als für eine Vierzigjährige. Ältere Frauen, die noch keine Kinder geboren haben, entwickeln häufiger eine Endometriose, ein Befund, der sich oft negativ auf die Empfängnisbereitschaft und die Fähigkeit, ein Kind auszutragen, auswirkt. Außerdem treten vermehrt gutartige Tumore der Gebärmutter auf. Und dann muß auch schon langsam mit den Wechseljahren gerechnet werden. Wenn Frauen in die Vierziger kommen, können sich bereits die ersten Anzeichen bemerkbar machen. Ein frühzeitiges Einsetzen der Wechseljahre wirkt sich auf den Eisprung aus und erschwert eine Empfängnis.

Kinderlose Frauen hören das immer lauter werdende Ticken ihrer »biologischen Uhr« und wissen um das unerbittliche Ende ihrer gebärfähigen Jahre.

Viele Frauen setzen sich eine Grenze, ein Alter, über das hinaus sie nicht mehr schwanger werden wollen, um sich und das Kind nicht zu gefährden. Früher, als »ältere« Mütter noch nicht so häufig waren, betrachteten viele Frauen die Zahl Dreißig als die

Altersgrenze für ein erstes Kind. Heute wird diese Grenze eher bei vierzig oder gar fünfundvierzig Jahren angesetzt. Interessanterweise variiert das Alter, in dem Frauen das Gefühl haben, die Zeit laufe ihnen davon. So schrieb mir eine Ärztin, sie wäre überzeugt, daß ihr noch viele Jahre blieben. »Die Jahre während meines Medizinstudiums darf man nicht zählen, weil es damals außer Lernen für mich wenig anderes gab. Ich bin jetzt achtunddreißig Jahre alt, und wenn ich in den Spiegel blicke, ist mir auch klar, daß ich nicht mehr wie fünfundzwanzig aussehe. Dennoch habe ich das Gefühl, daß meine Zeit jetzt kommt.« Für andere Frauen wiederum ist der achtunddreißigste Geburtstag das Datum, wo sie ihren Kinderwunsch begraben.

Manche Frauen möchten ihre Kinder erst bekommen, wenn sie sich in ihrem Beruf etabliert haben, oder sie warten ganz einfach, weil sie mit ihrem gegenwärtigen Leben zufrieden sind und kein dringendes Bedürfnis nach einem Kind verspüren. So vergehen ihre Zwanziger- und Dreißigerjahre, und die Frauen merken nicht, wie ihnen die Zeit (im Hinblick auf ihre Gebärfähigkeit) davonläuft. Oft werden sie sich dann ganz plötzlich ihrer Situation bewußt, und es wird ihnen klar, daß es für sie nun heißt »jetzt oder nie«. Viele Frauen, die das Kinderkriegen auf später verlegt haben, werden dann, wenn sie es wollen, schwanger und bekommen die Kinder, die sie sich gewünscht haben. Bei vielen anderen klappt es jedoch nicht. Sie werden es bedauern, daß sie zu lange gewartet haben.

»Kinder ja, aber später«

Die Geschichte von Roberta:
Roberta stammt aus Baltimore. Sie war die Jüngste in einer Familie, die oft auf Sozialhilfe angewiesen war. Roberta war fest entschlossen, ihrem Leben eine andere Richtung zu geben, und

ist heute Rektorin einer Grundschule in Baton Rouge. Sie empfindet ihre Arbeit als sehr befriedigend und weiß, daß sie sie auch gut macht. Roberta ist seit siebzehn Jahren glücklich verheiratet, sie hat viele Freunde und ein gutes Verhältnis zu ihrer Familie.

»Ich wollte eigentlich immer Kinder, aber ich verschob es dauernd auf später. Ich war schwanger, als ich zwanzig Jahre alt und auf dem College war. Der Mann paßte überhaupt nicht zu mir, und er wollte mich auch nicht heiraten. Abtreibungen waren damals noch illegal. Er brachte mich dann zu einem Arzt nach New Orleans. Ich bekam eine Infektion und bin fast daran gestorben.

Als ich neunundzwanzig war, lernte ich meinen Mann kennen, und wir heirateten einige Jahre später. Er hatte vier Kinder aus seiner ersten Ehe, aber er wollte gern noch mehr. Wir beschlossen, eine Familie zu gründen, aber erst wollte ich in meinem Beruf weiterkommen, und so verschob ich es immer wieder auf später.

Als ich dann siebenunddreißig war, sagte ich mir, jetzt bin ich soweit, und hörte auf zu verhüten. Meine Freundinnen bekamen ihre Kinder, und ich wollte es ihnen gleichtun. Wir versuchten es zwei Jahre lang, aber ich wurde nicht schwanger. Wir ließen alle nötigen Untersuchungen über uns ergehen. Meine Eileiter waren nicht blockiert, und sein Sperma war in Ordnung. Ich gehörte zu den Fällen, bei denen man nicht sagen konnte, warum es nicht klappte. Wir probierten es weiterhin, aber dann setzten bei mir die Wechseljahre ein, und aus war der Traum. Ich bedauere es, daß ich solange gewartet habe. Vielleicht hätte ich auch Probleme gehabt, als ich jünger war, aber ich bezweifle das. Nun muß ich also mit dem Gefühl leben, meine gebärfähigen Jahre vertrödelt zu haben. Heute würde ich allen Frauen, die sich ebenso verhalten wie ich, sagen: Eure Zeit ist kürzer, als ihr glaubt.«

Roberta verschob, wie so viele Karrierefrauen, das Kinderkriegen immer wieder auf später. Der richtige Moment, eine Familie zu gründen, schien nie gekommen zu sein. Leider ist es so, daß viele Frauen sich zwischen einer beruflichen Karriere und der Gründung einer Familie entscheiden müssen. Ich hoffe, daß sich eines Tages die Einstellung der Gesellschaft und ihre Strukturen ändern werden, daß Frauen genauso wie Männer das Recht auf eine Karriere und auf ein Familienleben zugestanden wird. Voraussetzung dazu wäre natürlich eine qualifizierte Kinderbetreuung für alle. Bis es jedoch soweit sein wird, möchte ich Ihnen raten: Wenn Sie wirklich Kinder wollen und Ihre Lebenssituation so ist, daß Sie Kinder haben können, überlegen Sie es sich sehr genau, ob Sie noch weiter warten möchten. Frauen, die Kinder haben wollten, es aber so lange hinausschoben, bis es zu spät war, tut es oft leid, daß sie die Jahre verstreichen ließen. Junge Menschen glauben, daß sie alle Zeit der Welt haben. Erst wenn wir älter und klüger werden, erkennen wir, daß dies nicht so ist.

TEIL III
Die zehn Schritte zur
Überwindung und Heilung

Schritt Nr. 1:   Den Verlust zugeben und sich der Trauer hingeben.

Schritt Nr. 2:   Den Verlust verstehen lernen.

Schritt Nr. 3:   Den Verlust überleben.

Schritt Nr. 4:   Sich von Schuldgefühlen lösen.

Schritt Nr. 5:   Hilfe im Gespräch suchen.

Schritt Nr. 6:   Vorhandene Hilfsangebote nutzen.

Schritt Nr. 7:   Die mütterliche Energie in andere Kanäle lenken.

Schritt Nr. 8:   Kinder in Ihr Leben einbeziehen.

Schritt Nr. 9:   Die Vorteile eines kinderfreien Lebens nutzen.

Schritt Nr. 10:   Auf der Suche nach weiblicher Ganzheit.

Der Überwindungs- und Heilungsprozeß

Was sind seine Ziele?

Die zwei wichtigsten Ziele des Überwindungs- und Heilungsprozesses sind: Die Kinderlosigkeit nicht mehr als schmerzhaft zu empfinden und das Gefühl von Verlust hinter sich zu lassen, um dann das Leben wieder in beide Hände zu nehmen. Der Schmerz über ihre Kinderlosigkeit kann eine Frau lähmen, ihr ganzes Denken und Sein dreht sich nur noch um diesen Kummer, für Jahre hat das Leben für sie nicht mehr viel Sinn. Kinderlosigkeit ist ein großes Leid, aber es darf nicht das ganze Leben bestimmen.

Das zweite Ziel des Überwindungs- und Heilungsprozesses ist von noch entscheidenderer Wichtigkeit als das erste. Das Negative und Belastende hinter sich lassen, den Verlust hinter sich lassen, ein reiches, erfülltes, befriedigendes Leben aufbauen, das ist die große Aufgabe des Heilungs- und Überwindungsprozesses.

Was unter Überwindung und Heilung zu verstehen ist

Sie sollten sich keine falschen Vorstellungen vom Überwindungs- und Heilungsprozeß machen.

Sie werden am Ende dieses Prozesses nicht froh sein, daß Sie keine Kinder haben. Im Gegenteil – selbst Frauen, die ihren Überwindungs- und Heilungsprozeß abgeschlossen haben, hätten immer noch gerne Kinder bekommen. Sie bleiben dabei, daß ihnen ein Leben mit Kindern am liebsten gewesen wäre.

Was sich bei ihnen geändert hat, ist, daß dieses Thema für sie der Vergangenheit angehört.

Überwindung und Heilung heißt nicht, daß Ihre Kinderlosigkeit Sie nicht mehr berührt. Sie überschreiten keine Linie, die Sie in einen Bereich bringt, wo menschliche Gefühle Ihnen nichts mehr anhaben können, wo Ihnen Ihre Kinderlosigkeit gleichgültig ist.

Ich werde oft gefragt, ob es für Frauen, die Kinder wollten, wirklich möglich ist, ihre Gefühle so in den Griff zu bekommen, daß sie ihre Kinderlosigkeit nicht mehr als schmerzhaft empfinden. Darauf kann ich mit großer Bestimmtheit antworten: »Ja, das ist möglich.« Werde ich dann weiter gefragt, ob das heißt, daß diese Frauen ihre Kinderlosigkeit nicht mehr berührt, fällt meine Antwort ganz anders aus. Es wird noch öfter eine vorübergehende Traurigkeit und Wehmut auftreten. Der Überwindungs- und Heilungsprozeß gleicht hier demjenigen nach dem Tod eines geliebten Menschen.

Wenn ein geliebter Mensch stirbt, glauben wir zuerst, daß wir nie wieder vollkommen glücklich sein können. Dieses Gefühl der Leere, davon sind wir überzeugt, wird den Rest unseres Lebens andauern. Doch eines Tages stellen wir fest, daß Stunden vergangen sind, ohne daß wir an den erlittenen Verlust gedacht haben. Aus den Stunden werden Tage, und schließlich wird unser Leben nicht mehr von der Trauer um den geliebten Menschen bestimmt. Manchmal, ganz unerwartet, überfällt uns noch eine leichte Traurigkeit. Wir vermissen den Toten und sehnen uns danach, mit ihm zu reden. Es gibt sogar Momente, wo wir zu weinen beginnen. Aber die Traurigkeit geht vorbei. Dieses überwältigende Gefühl des Verlustes kommt nicht wieder.

Genauso ist es mit der Kinderlosigkeit. Ihr Schmerz wird vorbeigehen, Ihre Freude am Leben wiederkommen. Ab und zu wird Sie eine vorübergehende Wehmut erfassen. Wenn Sie es am wenigsten erwarten, werden Sie an das Kind denken, das Sie gerne gehabt hätten. Ein Schatten wird auf Ihr Leben fallen, wie wenn eine Wolke über die Sonne hinwegzieht, doch der Schatten wird vorübergehen und die Sonne wieder scheinen.

Überwindung und Heilung ist nicht der Bestimmungsort, sondern der Weg dahin. Wir denken oft, der Bestimmungsort wäre wichtiger als der Weg. Das stimmt jedoch nicht. In unseren jungen Jahren träumen wir davon, einen Märchenprinzen kennenzulernen und mit ihm zufrieden und glücklich bis ans Ende unserer Tage zu leben. In der Schule können wir es kaum erwarten, bis wir unsere Abschlußprüfung geschafft haben. Doch wenn wir dann älter werden, unseren Märchenprinzen gefunden und die Abschlußprüfung hinter uns haben, wird uns klar, daß nicht das Ereignis des Kennenlernens an sich wichtig war, sondern die Tage zuvor und danach, die wir zufrieden und glücklich gelebt haben, nicht die Abschlußprüfung, sondern die Erfahrungen der Schultage und die Erfahrungen nach der Abschlußprüfung. Mit anderen Worten, es ist nicht das Erreichen eines bestimmten Zieles, sondern das Streben, das Sich-Bemühen, das Alltägliche, das unserem Leben Sinn und Ordnung gibt.

Den Schmerz über die Kinderlosigkeit überwinden heißt, die vielen Tage Ihres Lebens so gut und so ausgefüllt wie möglich zu leben, die Verluste, die die Kinderlosigkeit mit sich bringt, zu minimalisieren, und das Gute in Ihrem Leben auf ein Höchstmaß zu steigern.

Die Schritte verwirklichen

Sie begeben sich nun auf die lange, komplizierte innere Reise, die Ihnen Überwindung und Heilung bringt. Es wird eine Reise mit vielen Höhen und Tiefen sein. Sie können Ihren Weg klar vor sich sehen, sie können aber auch vom Weg abkommen. Lassen Sie sich nicht entmutigen, geben Sie nicht auf!

Nicht alle Schritte werden für Sie die gleiche Bedeutung haben. Wenn Sie die Schuld nie bei sich oder anderen gesucht haben, wird der Schritt Nr. 4 Ihnen nicht viel geben können. Wenn Sie immer Hilfe und Unterstützung bei Freunden und Familienmitgliedern gesucht und gefunden haben, brauchen Sie Schritt Nr. 5 lediglich zu überfliegen. Wenn es für Sie ganz natürlich ist, sich an den Kindern anderer zu erfreuen, werden Sie vielleicht erstaunt sein, daß andere Frauen damit Schwierigkeiten haben. Stellt ein Schritt für Sie also nichts Neues dar, weil es etwas ist, was Sie schon lange kennen oder schon immer gemacht haben, dann heißt dies, daß Sie in dieser Beziehung auf dem richtigen Weg sind. Haben Sie Vertrauen zu sich – Sie wissen selbst am besten, ob Sie einer Stufe ausweichen oder sie wirklich nicht brauchen.

Sie sollten mit Schritt Nr. 1 beginnen, dann zu Schritt Nr. 2 übergehen und so weiter, dadurch erfährt der Heilungsprozeß eine natürliche Steigerung. Die Reihenfolge ist enorm wichtig. Wenn Sie gleich am Anfang zu Schritt Nr. 7 oder Schritt Nr. 9 springen, ohne die in den ersten Schritten enthaltene Trauerarbeit geleistet zu haben, werden Ihre Versuche, Ihre mütterliche Energie in andere Kanäle zu leiten oder die Vorzüge eines Lebens ohne Kinder zu genießen, oberflächlich und lediglich von der Vernunft bestimmt sein. Das kann den Heilungsprozeß sogar hinauszögern, da es dazu verführt, die erlittenen Verluste nicht wahrzunehmen. Ein gewisses Maß an Trauerarbeit, an »Loslassenkönnen«, muß vorab geleistet werden, sonst wird der Prozeß lediglich durch den Willen und den Verstand gesteuert und nicht durch ein Bedürfnis von innen heraus. Ich kann es gar nicht oft genug sagen, wie wichtig die am Anfang zu leistende Trauerarbeit ist. Sie ist das Fundament des gesamten Überwindungs- und Heilungsprozesses. Zur richtigen Zeit werden Sie alle Schritte weiterbringen, aber vorher müssen Sie sich mit den unter der Oberfläche liegenden Gefühlen befassen.

Sie werden nicht einen Schritt abschließen, zum nächsten übergehen, mit diesem abschließen und so weiter. Auf manche Schritte werden Sie immer wieder zurückkommen und ihren Sinn immer besser verstehen lernen. Zum Beispiel Schritt Nr. 1 abzuschließen bedeutet nicht, daß Sie nie mehr das Gefühl überkommt, einen Verlust erlitten zu haben. Sie werden dieses Gefühl noch oft verspüren, aber die Intensität läßt nach, und es wird Ihnen jedesmal etwas weniger weh tun.

Durch manche Schritte werden Sie ungewohnte Dinge an sich selbst entdecken. Vielleicht erfahren Sie durch Schritt Nr. 2, daß Ihre Kinderlosigkeit Sie deshalb so tief schmerzt, weil Sie mit Kindern Ihr eigenes verletztes Inneres heilen wollten. Oder Sie erkennen bei Schritt Nr. 7, daß Sie nicht nur Ihre mütterliche Energie in andere Kanäle leiten müssen, sondern auch Ihre kreativen Fähigkeiten in anderen Bereichen Ihres Lebens einsetzen können. Sie werden erkennen, daß Sie manche Schritte noch einmal durchgehen müssen, wenn Ihre Gedanken und Gefühle immer wieder auf ein Thema zurückkommen, von dem Sie glaubten, es ein für allemal überwunden zu haben.

Diese Schritte wirken keine Wunder und sind auch kein einfaches Patentrezept. Jede von uns muß ihren eigenen Weg zur Überwindung und Heilung finden. Doch die Schritte werden Sie bei der Suche nach Ihrem Weg leiten und Ihnen zeigen, was für Sie richtig ist.

Schritt Nr. 1
Den Verlust zugeben und sich der Trauer hingeben

»Ich werde nie Mutter sein. Ich werde nie ein Kind bekommen.«
Ich erinnere mich an den Tag, an dem ich zum ersten Mal diese Worte zu mir selbst sagte.
Ich kann dieses Gefühl von Verlust, das mir die Kehle zuschnür-

te, nicht beschreiben. Und dennoch mußte ich so zu mir sprechen. Ich mußte der Tatsache ins Auge blicken, einer Tatsache, die ich gefürchtet und gegen die ich viel zu viele Jahre angekämpft habe. Wenn ich noch die Kraft besessen hätte, wären noch weitere Behandlungen und Maßnahmen möglich gewesen, aber ich wußte inzwischen: Wo Hoffnung ist, ist auch Schmerz, und ich hatte genug von beiden.

Als ich mir sagte: »Ich werde nie ein Kind bekommen«, habe ich Jenny sterben lassen, Jenny, das kleine Mädchen, das so viele Jahre in meinem Herzen gelebt hat. Ich habe meinen Kummer tief in meinem Inneren vergraben und war fest entschlossen, mein Leben wieder in die Hände zu nehmen. Erst Monate später erlaubte ich mir, um all das zu trauern, was nie sein wird:

- Ich werde nie die Bewegungen meines Babys in meinem Bauch spüren.
- Ich werde nie meine neugeborene Kleine im Arm halten.
- Ich werde nie spüren, wie sie an meiner Brust saugt.
- Ich werde nie mit ihr schmusen, ihr nie über die Wange streicheln.
- Ich werde ihr nie Gemüse- oder Fruchtbrei füttern.
- Ich werde ihr nie gelbe Gummi-Enten für die Badewanne kaufen.
- Ich werde sie nie in den Schlaf wiegen, sie nie zu Bett bringen.
- Ich werde nie eine Tapete mit Zootieren und Clowns für ihr Zimmer aussuchen.
- Ich werde nie sehen, wie sie ihre ersten Schritte macht.
- Ich werde ihr nie ihre Lieblings-Gutenachtgeschichte immer und immer wieder vorlesen.
- Ich werde sie nie lachen, nie sprechen hören.
- Ich werde sie nie trösten, wenn sie sich weh tut oder wenn sie krank ist.

- Ich werde nie ihr Stimmchen hören, das sagt: »Ich liebe dich, Mami«, und sie wird nie ihre Ärmchen um mich legen.
- Ich werde sie nie an ihrem ersten Schultag begleiten.
- Ich werde nie ein von ihr gemaltes Bild zum Muttertag erhalten.
- Ich werde nie mit ihr in den Zoo, an den Strand oder auf den Spielplatz gehen.
- Ich werde überhaupt nirgends mit ihr hingehen.
- Ich werde sie nie auf meinem Schoß haben, meine Arme schützend um sie gelegt.
- Ich werde ihr nie beim Seilhüpfen, Ballspielen, bei einer Aufführung in der Kirche oder Schule zuschauen.
- Ich werde sie nie als Teenager am Telefon schwatzen hören.
- Ich werde nie philosophische Gespräche über die Unvollkommenheit der Welt mit ihr führen.
- Ich werde nie sehen, wie sie zu ihrem ersten Ball geht.
- Ich werde nie an ihrem Abschlußfest an der High-School oder am College teilnehmen.
- Ich werde nie ihre Hochzeit und ihre eigenen Kinder erleben.
- Ich werde nie mit meiner erwachsenen Tochter über meine Ansichten über Gott, die Liebe, Freundschaften und das Kochen reden.
- Ich werde nie …
- Ich werde nie …
- Ich werde nie …

Ein großer Verlust

Frauen, die sich Kinder wünschten, empfinden ihre Kinderlosigkeit als einen schweren und dauerhaften Verlust. Doch oft vermeiden es diese Frauen, sich einzugestehen, wie tief sie dieser Verlust getroffen hat. Der Hauptgrund, warum dieser Verlust von den Frauen (und von anderen) minimalisiert wird, ist der, daß ihre Kinder nie wirklich existiert haben. Sie lebten nur in den Gedanken und im Herzen der Frauen.

Wir alle wissen um das Leid der Frauen, die ein Kind durch eine Krankheit oder einen Unfall verloren haben, und wir wissen auch, was es für eine Frau bedeutet, wenn ihr zu früh geborenes Baby stirbt, ihr Baby tot geboren wird oder sie eine Fehlgeburt hat. Der Verlust, den kinderlose Frauen erleiden, muß ebenfalls dazu gezählt werden. Ein Kind verlieren, unter welchen Umständen auch immer, bedeutet, ein geliebtes Wesen zu verlieren. Wenn eine kinderlose Frau die Kinder, nach denen sie sich sehnte, »verliert«, bedeutet das für sie, daß sie nie die zärtlichen und die lustigen Momente, die ein Leben mit ihren Kindern mit sich gebracht hätte, erfahren durfte. Und sie hat auch keine Erinnerungen an die gemeinsame Zeit, die ihr nach dem Tod des geliebten Wesens ein Trost sein könnte.

Kinderlose Frauen müssen auch auf den Teil ihres Wesens verzichten, der sich entwickelt hätte, wenn sie Mutter geworden wären. Durch die Mutterschaft entdecken Frauen neue Wesenszüge an sich selbst. Sie sehen, daß sie fähig sind, selbstlos zu lieben, ihr Kind zu leiten und zu lenken. Viele von uns haben gehofft, daß die Mutterschaft unsere edelsten und rühmlichsten Charaktereigenschaften zum Erblühen bringen würde.

Wenn man bedenkt, wieviel emotionale Energie wir in den Traum von der Mutterschaft investiert haben – und das oft jahrzehntelang –, wird man verstehen, warum wir nicht einfach auf dem Absatz kehrtmachen und vor diesem Stück von uns selbst weglaufen können.

Warum man trauern muß

So wie unser Körper nach einem Unfall oder einer schweren Krankheit langsam wieder heilt, so muß auch unsere Seele nach einem großen Verlust langsam von innen heraus wieder heilen. Es gibt Menschen – manche sind darin geschickter als andere –, die sich einen Verlust nach außen hin nicht anmerken lassen. Auf diese Weise ist es dem Trauernden möglich, einen Arbeitstag gut durchzustehen oder einkaufen zu gehen, ohne der Welt zu zeigen, wie es wirklich um ihn steht. Gefährlich wird es aber dann, wenn wir unsere Gefühle vor uns selbst verbergen. Ein seelischer Schmerz, der ignoriert wird und dem man nicht erlaubt, an die Oberfläche zu kommen, wird nie vorbeigehen. Er verlangt seinen Tribut hinsichtlich unserer Leistungsfähigkeit, unseres Wohlbefindens und unserer Fähigkeit, gute menschliche Beziehungen aufzubauen. Oft taucht der Schmerz zu einem späteren Zeitpunkt unverhofft wieder auf.

Aus meiner klinischen Praxis kenne ich die Spätfolgen, die sich aus Problemen ergeben, die ignoriert oder als unwichtig abgetan werden. Ich denke dabei an Verhaltensstörungen bei Kindern wie Stehlen, Aggressivität, »Sich in sich selbst zurückziehen«, oder an Eheprobleme, weil ein Partner zur Gewalttätigkeit neigt, untreu ist oder zuviel Alkohol trinkt. Wenn nach vielen leidvollen Jahren die Probleme dann endlich therapeutisch bearbeitet werden, hat sich ein bestimmtes Verhaltensmuster bereits festgesetzt und immer mehr Groll angesammelt, so daß eine Bewältigung nur noch schwierig, wenn nicht gar unmöglich ist.

Deshalb ist es so wichtig, einen Verlust dann zu betrauern, wenn Sie ihn erleiden. Der einzige Weg zur Heilung von innen heraus ist das Sich-Ausliefern an den Schmerz, die Ängste, die Enttäuschung. Es gibt keinen anderen Weg.

In dem Buch *Without Child: Experiencing and Resolving Infertility* von Ellen Sarasohn Glazer und Susan Lewis Cooper erzählt eine Frau namens Teri Flinn, die bereits ein Kind hat, aber das heißersehnte zweite Kind nicht bekommen kann, daß sie vorhat, sich die niedlichste Puppe zu kaufen, die sie finden kann; sie wird ihr Babykleidung anziehen, ihr einen Abschiedskuß geben, sie in eine kleine Schachtel legen und dann begraben. Sie will dies alles ganz allein tun, sich allein verabschieden

und allein weinen. Ich kann diese Frau gut verstehen. Sie muß
ihrem Kummer Ausdruck verleihen, und sie muß sich von dem
ersehnten Kind, das sie nicht haben kann, verabschieden. Auch
wir müssen uns von unseren Kindern verabschieden, von den
Kindern, die nie sein durften, die wir aber in unserem Herzen
gekannt und geliebt haben.

Von der Versuchung, die Trauer zu vermeiden
Weil Sie Ihre Kinderlosigkeit als sehr schmerzhaft empfinden,
sind Sie vielleicht versucht, diesen ersten Schritt schnellstens
hinter sich zu bringen oder ihn zu vermeiden. Tun Sie das bitte
nicht! Ich kann nicht oft genug wiederholen, wie wichtig dieser
Schritt ist. Er ist das Fundament für alle folgenden Schritte. Auch
wenn es schwer ist, Sie müssen um das Kind, das Sie nie gehabt
haben, trauern und fühlen, was Ihnen verlorengeht, wenn Sie
Ihren Traum von der Mutterschaft begraben.
Wie gesagt, es ist keine leichte Aufgabe. Vielleicht werden viele
Tränen fließen; vielleicht wird Sie eine große Traurigkeit und
Verzweiflung überkommen, vielleicht werden Sie für einige Zeit
deprimiert sein oder sich kraftlos fühlen und keinerlei Interesse
oder Energie an den Tag legen, vielleicht wollen Sie allein sein.
Was immer geschehen wird, akzeptieren Sie Ihre Gefühle. Sie
haben einen Grund, sich so zu fühlen. Und glauben Sie mir,
dieser Zustand wird nicht ewig dauern.

Die Angst, von den Gefühlen überwältigt
zu werden
Manche Frauen, ob bewußt oder unbewußt, leugnen oder minimalisieren ihre Gefühle von Verlust. Dafür gibt es mehrere
Gründe: Der erste Grund ist, daß die Gefühle, die ein Verlust
hervorruft, nicht angenehm sind. Niemand ist gern traurig,
deprimiert oder lustlos; wir alle ziehen es vor, glücklich und voller
Tatkraft zu sein. Der zweite Grund ist die Angst der Frauen, von

der Intensität ihrer Gefühle überwältigt zu werden. Sie fürchten, die Büchse der Pandora zu öffnen und nicht fähig zu sein, sie wieder zu verschließen. Tatsächlich besteht diese Gefahr bei einigen Frauen. So wichtig es ist, seinen Gefühlen freien Lauf zu lassen, so wichtig ist es auch, an ihnen nicht zu ersticken. Sie müssen das richtige Maß finden. Eine der von mir interviewten Frauen hat diese Schwierigkeit gut gelöst. Sie gab sich einen Tag in der Woche ihrer Trauer, ihren Tränen und ihrem Selbstmitleid hin. An den restlichen sechs Tagen hielt sie ihren Kummer unter Verschluß und lebte ihr normales Leben.

Wie Sie Ihren Verlust betrauern wollen, ist Ihre ganz persönliche Entscheidung. Bei einer als traumatisch empfundenen Kinderlosigkeit haben Sie vielleicht starke Barrieren aufgebaut, um sich vor Gefühlen der Trauer zu schützen, und die Vorstellung, diese Barrieren niederreißen zu müssen, macht Ihnen angst. In diesem Fall sollten Sie nur schrittweise vorgehen. Wenn es für Sie zu bedrückend wird, nehmen Sie sich etwas zurück. Vielleicht brauchen Sie auch Unterstützung durch ein Familienmitglied, eine Freundin, einen Therapeuten oder Seelsorger.

Es ist möglich, daß einige von Ihnen noch nicht bereit sind, diesen ersten Schritt zu machen. Vielleicht haben Sie die Hoffnung auf ein Kind noch nicht vollständig aufgegeben (obwohl Sie innerlich wissen, daß diese Hoffnung trügerisch ist). Vielleicht befürchten Sie auch, nicht genügend innere Kraft zu besitzen, um sich dem Schmerz zu öffnen. Hören Sie auf Ihre innere Stimme. Niemand kann Ihnen befehlen, wann und wie Sie vorgehen sollen. Nur, vergessen Sie nicht: Irgendwann müssen Sie Ihren Verlust zugeben und sich der Trauer hingeben.

Wie Sie Ihren Gefühlen auf die Spur kommen

Wenn Sie Ihren Verlust lange Zeit geleugnet haben, ist es möglicherweise schwierig, Ihren Gefühlen auf die Spur zu kommen. Versuchen Sie Ihre persönliche Liste von den Dingen aufzustellen, die nie sein werden. Überlegen Sie sich eine Woche lang, wie Sie sich Ihre Mutterschaft vorgestellt haben, was Sie mit Ihrem Kind alles tun wollten, und schreiben Sie alles auf.

Oder versuchen Sie an Ihr Kind einen Brief zu schreiben. Erzählen Sie ihm, wie sehr Sie sich gewünscht haben, daß es auf die Welt kommt, und was Sie alles miteinander erleben wollten.

Eine andere Variante wäre, mit Ihrem Kind ein Gespräch zu führen. Während einer Therapie sollte sich eine Frau ihr gewünschtes Kind vorstellen und sich mit ihm unterhalten. Es war für die Frau eine ergreifende Erfahrung, durch die ihre Gefühle an die Oberfläche gebracht wurden.

Es braucht seine Zeit

Der Verlust läßt sich nicht von heute auf morgen überwinden. Es ist ein langsam fortschreitender Prozeß. Die Trauer und die Leere sind nicht plötzlich und für immer verschwunden. Sie lassen allmählich nach, so wie Nebelfetzen langsam von der Sonne aufgelöst werden. Seien Sie geduldig mit sich selbst, falls es länger dauert, als Sie es sich vorgestellt haben. Nehmen Sie sich Zeit, erlauben Sie sich zu trauern. Der Verlust von Kindern ist ein schwerwiegender Verlust.

Sie werden sich in den kommenden Jahren immer wieder mit Schritt Nr. 1 auseinanderzusetzen haben, doch mit der Zeit wird die Intensität Ihrer Gefühle nachlassen, und die Stimulation, die diese Gefühle von Verlust auslöst, verliert mehr und mehr ihre Wirkung. Verzweiflung wird von Traurigkeit abgelöst, und Traurigkeit von gelegentlicher Wehmut. Was Sie jetzt tun – zugeben, daß Sie kein Kind haben werden und sich der Trauer darüber hingeben –, ist der schmerzvollste Teil in Ihrem Überwindungs- und Heilungsprozeß. Was danach kommt, wird Ihnen leichter fallen.

»Oh, wie weh mir das tut«

Die Geschichte von Anita:
Für Anita war klar, daß sie einmal Ehefrau und Mutter sein wird, genau wie ihre eigene Mutter. Anita wuchs zusammen mit ihren zwei Schwestern in Seattle auf, wo ihr Vater Versicherungsvertreter war. Sie heiratete, als sie neunzehn Jahre alt war, und erfuhr bald darauf, daß sie keine Kinder bekommen konnte. Anita, inzwischen fünfzig Jahre alt, weiß um den Preis, den sie bezahlen mußte, weil sie sich ihren Verlust nie eingestanden und sich nie der Trauer hingegeben hatte. Weil Anita ihre Abwehrhaltung so in Fleisch und Blut übergegangen war, mußte sie fünf Wochen lang mit sich kämpfen, bis sie es wagte, sich mit mir in Verbindung zu setzen.

»Ich habe insgeheim sehr viel gelitten. Ich war erst zwanzig, als der Arzt mir sagte, daß ich aufgrund einer angeborenen Anormalität voraussichtlich keine Kinder bekommen kann. Ich weigerte mich, ihm zu glauben, und mein Mann stand der Diagnose genauso hilflos gegenüber. Ein paar Jahre später ließen wir uns scheiden, zur Freude meiner Schwiegermutter, die mich wie eine Aussätzige behandelt hatte, weil ich keine Kinder kriegen konnte. Für mich war das alles ein Trauma. Ich schämte mich, weil ich keine Kinder bekommen konnte. Ich war eine Fehlkonstruktion und zu nichts nütze.

Den Satz ›Ich werde nie Kinder bekommen‹ habe ich niemals laut ausgesprochen und auch nie leise zu mir selbst gesagt. Ich konnte es einfach nicht. Die Jahre vergingen, und ich war sehr allein mit meinem Kummer. Niemand, weder meine Mutter noch meine Schwestern halfen mir. Warum hat nie jemand zu mir gesagt: ›Anita, möchtest du darüber reden?‹, und ich selbst kam nie auf die Idee, mir irgendwo Hilfe zu holen.

Ich bin nicht damit fertig geworden. Ich zog mich zurück, weil ich mich schämte. Ich tauchte ein in Arbeit, tagsüber ging ich wieder auf die Schule und nachts arbeitete ich. Ich mied meine Freundinnen, die verheiratet waren und Kinder hatten. Ich konnte ihr Glück nicht ertragen. Es ist mir sehr viel entgangen, nicht nur weil ich keine Kinder haben konnte, sondern auch weil ich es versäumt habe, die Kinder meiner Freundinnen aufwachsen zu sehen. Sie sind inzwischen alle erwachsen.

Immer wenn jemand ein Baby erwartet, fange ich an zu stricken. Ich muß dann einfach etwas mit meinen Händen tun. Ich weiß nicht, was so tröstlich am Stricken ist, aber ich muß es einfach tun. Ich glaube, ich habe schon tonnenweise Babysachen gestrickt.

Ich muß viel Kraft aufgewandt haben, mich damit nicht auseinanderzusetzen. Manchmal kann ich den Schmerz irgendwo ganz tief in meinem Inneren fühlen. Ich breche dann wegen jeder Kleinigkeit in Tränen aus. Wenn ich darüber spreche, wird der Schmerz so groß wie ein Berg, den ich nicht überwinden kann. Ich habe Angst, mich gehenzulassen, meinem Schmerz Tür und Tor zu öffnen, nicht mehr mit Weinen aufhören zu können. Oh, wie weh mir das tut!

Ich nehme nur halb am Leben teil, weil ich mich sehr zurückgezogen habe. Zumindest weiß ich das jetzt. Vielleicht sollte ich als erstes versuchen, da etwas zu ändern.«

Ich habe mich zweimal mit Anita getroffen, und unser Gespräch dauerte vier Stunden. Sie weinte dabei fast ständig. Zum erstenmal in dreißig Jahren gestand sie sich ihren Verlust ein und erlaubte es sich, zu trauern. Nach unserem Gespräch entschloß Anita sich noch zu einem zweiten Schritt: Sie ging zur Hochzeit der Tochter einer Freundin. Beide Schritte sind ihr nicht leichtgefallen, aber sie hat einen Anfang gemacht.

»Ein Kuß auf die Wange«

Die Geschichte von Carol:

Carol wuchs in St. Louis auf. Als sie drei Jahre alt war, ließen ihre Eltern sich scheiden. An ihren Vater kann sie sich nicht mehr erinnern. Sie hat noch drei Schwestern, zwei davon älter und eine jünger als sie. Mit sechzehn Jahren ging sie von der High-School ab, und mit neunzehn heiratete sie einen zehn Jahre älteren Mann. Carol leidet unter einem polycystischen Ovarsyndrom und kann deshalb keine Kinder bekommen. Ihr Mann hat bereits vier Kinder aus seiner ersten Ehe. Er hätte gern noch Kinder von Carol, ist aber gegen eine Adoption. Carol ist jetzt zweiundzwanzig Jahre alt und fährt einen Schulbus im ländlichen Missouri.

»Ich war schon immer eine Träumerin, und am liebsten träumte ich von einer Heirat und von Kindern. Ein eigenes Kind zu haben, das war mein großer Wunsch. Meiner Meinung nach sind Kinder für eine Frau sehr wichtig.

Ich werde nur sehr schwer damit fertig. Ich weine viel und bemitleide mich selbst. Ich habe das Gefühl, daß mich keiner versteht. Es ist, als ob ich in einem Zimmer voller Menschen bin und trotzdem allein. Sehe ich jemand mit einem Baby, überfällt mich der Schmerz. Ich weine um etwas, was nie sein wird. Man sagt, die Zeit heilt alle Wunden, aber diese Wunde wird nie heilen, gleichgültig, wieviel Zeit darüber hinweggeht.

Wenn man keine Kinder hat, denken die anderen, man mag keine Kinder, sei egoistisch und möchte seine Ungebundenheit nicht aufgeben. Es kommt ihnen nicht in den Sinn, daß man vielleicht keine Kinder bekommen kann.

Ich weiß, daß ich auf die Freude und das Glück verzichten muß, das Kinder in ein Leben bringen. Ich werde meine Kinder nicht wachsen sehen. Ich werde sie nie lachen und weinen sehen. Ich werde nie Weihnachten und die Ferien mit ihnen verbringen.

Ich werde nie mit ›Mama‹ angesprochen werden. Ich werde nie dieses enge Vertrauensverhältnis erfahren, so wie zwischen mir und meiner Mutter. Und ich werde von meinen Kindern nie so etwas Bescheidenes wie einen Kuß auf die Wange kriegen oder geben. Ich verpasse einen wichtigen Teil des Lebens. Da wird immer eine gewisse Leere sein.«

Carol gibt sich ihrer Trauer voll hin. Es ist zwar schwierig und schmerzlich, gibt ihr aber die Möglichkeit, später andere Schritte hin zur Überwindung und Heilung zu tun.

Schritt Nr. 2
Den Verlust verstehen lernen

Rationales, überlegtes Denken hilft dem Menschen, die Welt um sich herum zu verstehen. Bei sehr schmerzhaften Erfahrungen – Kinderlosigkeit kann dazu gehören – ist eine Frau, die eine Situation analysieren und ihre Komponenten identifizieren kann, eindeutig im Vorteil. Selbsterkenntnis hilft ihr, ihren Weg zu finden, ohne sich zu verirren.

Es überkommt uns wie eine Erleuchtung, wenn wir bei Gefühlen, die wir bisher nicht einordnen konnten, herausfinden, warum dies so ist. »Verstehen, warum« bringt Erleichterung und baut Ängste und Frustrationen ab. Wir stellen befreit fest, daß wir uns weder unangemessen benehmen noch allmählich den Verstand verlieren.

»Verstehen, warum« verändert jedoch noch nicht unser Verhalten oder unser Empfinden. Wahrscheinlich kennen Sie ebenso wie ich Menschen, die ganz genau wissen, warum sie ihre Probleme haben. Sie können die Auswirkungen ihrer frühen Kindheitserlebnisse exakt analysieren, und sie können eine differenzierte Beurteilung ihrer eigenen Persönlichkeit geben, und trotzdem sind sie nicht in der Lage, in ihrem Leben eine

Veränderung zum Positiven vorzunehmen. Doch wenn man die Einsicht, wie es zu diesem Zustand gekommen ist, nicht als Ersatz für weiteres Nichtstun nimmt, sondern richtig nutzt, helfen Erkenntnis und Verstehen beim Überwindungs- und Heilungsprozeß.

Verborgene Beweggründe,
warum wir uns Kinder wünschen

Wenn wir die offensichtlichen und die weniger offensichtlichen Gründe, warum wir Kinder wollen, erkennen, lernen wir, unseren Verlust besser zu verstehen. Es ist tatsächlich oft so, daß wir nicht wissen, warum wir uns so sehnlichst ein Kind wünschten. Komplexe Motivationen beeinflussen das menschliche Verhalten, und die Beweggründe, die wir selbst für unser Handeln und Fühlen angeben, sind oft keineswegs die ursprünglichen Beweggründe. Heiratet beispielsweise eine junge Frau einen Mann gegen den Willen ihrer Eltern, ist sie überzeugt, es nur zu tun, weil sie den Mann aus tiefstem Herzen liebt. Erst viele Jahre später wird sie vielleicht erkennen, daß ihr damaliges Verhalten viel mit ihrem Verlangen nach Unabhängigkeit zu tun hatte. Komplexe Motivationen beeinflussen auch unsere Sehnsucht nach Kindern. Manchmal sind es uns nicht bewußte Beweggründe, die aber unsere Reaktion auf unsere Kinderlosigkeit erklären.

Viele von uns, die ihre Kinderlosigkeit als großes Unglück empfinden, sind bestürzt über die Intensität ihrer Gefühle. Statt einfach nur enttäuscht und traurig zu sein, wie wir das eigentlich erwartet haben, werden wir von einer tiefen Verzweiflung erfaßt. Was wir nicht wissen, ist, daß Kinderlosigkeit andere schmerzhafte Geschehnisse aus früheren Zeiten oder aus anderen Bereichen unseres Lebens wachruft. Wir haben es nicht nur mit dem sehr realen, nicht erfüllbaren Kinderwunsch zu tun, sondern auch mit anderen, nicht verarbeiteten Geschehnissen. Ich habe erlebt, daß Menschen sich in Therapie begeben haben, weil sie nicht über den Verlust eines Haustieres hinwegkommen konnten. »Es ist lächerlich«, klagten sie, »aber ich weine mehr als beim Tod meiner Mutter vor einem Jahr.« Hier kann man beobachten, daß ein Verlust – der Verlust des Haustieres – nicht überwundene, frühere Verluste wieder aufleben läßt. Die Trauer gilt in diesem Fall beiden, dem Haustier und der Mutter, und vielleicht auch noch anderen, nicht überwundenen Verlusten. Genauso können Verluste im Zusammenhang mit Kinderlosigkeit vorhergehende Verluste im Leben der Frau wieder aktivieren.

Wenn Sie die folgenden Kapitel über die weniger offensichtlichen Gründe, warum Frauen Kinder wollen, lesen, könnte bei Ihnen das ungute Gefühl entstehen, daß auch Ihre Gründe egoistisch waren und Sie Ihre eigenen Bedürfnisse befriedigen wollten. Wenn dem so ist, seien Sie nicht so streng zu sich selbst. Das, was Ihre Persönlichkeit heute ausmacht, ist das Ergebnis zahlreicher Einflüsse in Ihrem Leben, manchmal auch stark negativer Einflüsse, denen Sie als Kind ausgeliefert waren und die Sie nicht ändern konnten. Denken Sie daran, das Ziel dieses Schrittes ist, sich selbst besser verstehen zu lernen, und das erreichen Sie am besten, wenn Sie sich so akzeptieren, wie Sie sind, anstatt sich darauf zu konzentrieren, wie Sie gerne sein möchten.

Psychologische Gründe

Bis zu einem gewissen Grad sehen Eltern ihre Kinder als eine Weiterentwicklung ihrer selbst. Da Kinder Fleisch von unserem Fleisch, Blut von unserem Blut sind, da sie sich neun Monate im Körper der Mutter entwickeln, erstaunt es nicht, daß Frauen fest daran glauben, Kinder seien eine Weiterentwicklung ihrer selbst. Unter diesem Aspekt versteht man es leichter, warum die unbefriedigten Bedürfnisse einer Frau oft eine große Rolle bei ihrem Wunsch nach einem Kind spielen. Im allgemeinen sind sich Frauen nicht bewußt, daß sie hoffen, ihre Bedürfnisse stellvertretend durch ihre Kinder befriedigen zu können. Natürlich findet sich dieses Phänomen nicht nur bei Frauen, auch Männer sind oft entschlossen, »dem Kind alle Möglichkeiten zu bieten, die ich nicht hatte«. Da das Kind als eine Weiterentwicklung von uns selbst gesehen wird, geschieht alles, was unserem Kind geschieht, bis zu einem gewissen Grad uns selbst.

Frauen, die als Kinder keine liebevollen, zärtlichen Mütter hatten, träumen von dem Tag, wo sie für ihre Kinder liebevolle, zärtliche Mütter sein können. Immer wollen sie besser sein als ihre eigenen Mütter. Es ist, als ob sie selbst einmal erleben wollten, wie es ist, eine »gute Mutter« zu haben, indem sie eine »gute Mutter« sind. Als Mütter können sie die Qualität der Beziehung bestimmen, etwas, was ihnen als Kind nicht möglich war. Eine Frau, die als Kind bei Kummer und Ängsten nie getröstet und besänftigt wurde, weiß, daß es ihre Wunden heilt, wenn sie ihr Kind tröstet und besänftigt.

Wenn das Sehnen dieser Frauen nach einem Kind nicht in Erfüllung geht und dadurch ihr »inneres Kind« weiterhin nach Liebe und Geborgenheit hungert, erleben die Frauen dies als einen erneuten Verlust. Sie haben jetzt das Gefühl, daß sie die Mutterliebe, nach der sie sich verzehren, nie mehr erhalten werden. Es ist, als ob ihnen eine Türe vor der Nase zugeschlagen worden ist. Die Gelegenheit, Mutterliebe zu erleben – auch wenn es dieselbe Person ist, die die Mutterliebe gibt und empfängt –, ist für immer verloren.

Vielleicht hat es diesen Frauen auch nicht an mütterlicher Liebe gefehlt, aber da gab es einen Vater, der kühl, unnahbar oder nie zufriedenzustellen war. Vielleicht fehlte der Vater auch ganz. Oder Vater und Mutter behandelten ihr Kind zwar liebevoll, aber die ehelichen Auseinandersetzungen verwandelten das Zuhause in eine Kampfarena. In diesen Fällen möchten Frauen ihren

Kindern eine heile Familienwelt bieten. Sie möchten das, was sie in der Familie ihrer Kindheit vermißt haben, in der von ihnen gegründeten Familie erfahren. Wenn ihre Ferien als Kind regelmäßig durch den trinkenden Vater oder die streitenden Eltern verdorben wurden, möchten sie ihren Kindern sorglose, schöne Ferien bieten und versuchen, dadurch ihre eigenen Wunden zu heilen.

Eine perfekte Kindheit ist nur wenigen beschieden. Auch mit guten Eltern kann das Leben schwierig sein. Weil wir nicht so klug, nicht so hübsch, nicht so talentiert, nicht so reich oder beliebt waren, wie wir uns dies gewünscht hätten, lebt in uns oft noch ein von den Kränkungen und Erniedrigungen der Kindheit und Jugend verwundetes »inneres Kind«. Eltern, die sich noch an ihre Enttäuschungen und Entbehrungen erinnern, möchten ihre Kinder vor ähnlichen Zurücksetzungen bewahren, indem sie ihnen die Ballettstunden, die bessere Kleidung, das Auto, das Studium, oder was immer sie als Kinder und Jugendliche vermißt haben, ermöglichen. Es funktioniert natürlich nicht: Denn Eltern können ihre Kinder nicht vor den Enttäuschungen des Lebens bewahren. Sie können die Welt nicht so einrichten, daß ihren Kindern kein Leid geschieht. Aber Kinder – unser »inneres Kind« mit eingeschlossen – wissen dies nicht. Eine Frau, die hofft, sich für ihre schlechten Kindheitserfahrungen durch ein besseres Leben ihrer Kinder entschädigen zu können, läßt ihr »inneres Kind« wieder verlieren, wenn sie kinderlos bleibt. Sie würde nicht mehr so sehr darunter leiden, daß sie an ihrem Abschlußball das unmoderne Kleid ihrer älteren Schwester tragen mußte, wenn sie ihrer Tochter ein schönes neues Kleid zum Abschlußball kaufen könnte.

Gesellschaftliche Ursachen

Manchmal hat unser Kinderwunsch auch gesellschaftlich bedingte Ursachen. Wie die Frau, der gesagt wird »Du bist erst eine

Frau, wenn du ein Kind hast«, sehen viele Frauen die Mutterschaft als eine Weiterentwicklung ihrer Persönlichkeit. In unserer paternalistischen Gesellschaft wurden Mütter – zumindest verbal – idealisiert und verherrlicht. Junge Frauen glauben möglicherweise, daß Mutterschaft der sicherste Weg ist, ihren Wert in den Augen anderer zu steigern. In vielen Familien, in denen Söhne wichtiger sind als Töchter, wo nur Söhne die aufregenden, interessanten Dinge in der Welt zustande bringen, möchten Frauen vermutlich gerne Kinder haben, weil sie zunächst während der Schwangerschaft und nach der Geburt im Mittelpunkt des Interesses stehen.

Jede »Nichtmutter« hat in der Gesellschaft von Müttern, die über Schwangerschaften, Geburten und Kindererziehung reden, schon erfahren, daß es eine besondere Verbindung zwischen Frauen mit Kindern gibt. Die Mutterschaft macht sie zu Mitgliedern in einem Club, zu dem kinderlose Frauen keinen Zutritt haben. Der Mensch ist ein soziales Wesen, sein Wohlbefinden leidet, wenn er sich aus einem Kreis ausgeschlossen fühlt. Viele kinderlose Frauen wissen, wie schwierig es ist, eine Freundschaft mit Frauen, die Kinder haben, aufrechtzuerhalten, besonders dann, wenn die Kinder noch klein sind. Es ist bereits nicht einfach, gemeinsame Interessen und einen gemeinsamen Gesprächsstoff zu finden, noch schwieriger ist es, ein Gespräch zu führen, speziell am Telefon, wenn Kinder in der Nähe sind. Eine Frau drückte es scherzhaft so aus: »Sie interessieren sich nicht für meine Katzen und ich nicht für ihre Kinder.«

Kinder, insbesondere Babys, ziehen viel Aufmerksamkeit auf sich. Selbst Fremde lieben es, Babys und Kleinkinder anzulächeln, mit ihnen zu scherzen oder ihnen zuzuwinken. Eine Mutter mit einem Baby oder Kleinkind zieht die Blicke auf sich. Da die meisten Menschen gern angenehm auffallen, erstaunt es nicht, daß Mütter, besonders solche, die sonst eher unauffällig sind, sich in der Bewunderung ihrer Kinder sonnen. Schüchterne Frauen, die sich in Gesellschaft unwohl fühlen, sind wiederum erleichtert, wenn sich die Aufmerksamkeit nicht auf sie, sondern auf ihre Kinder konzentriert. Eine kinderlose Frau erfährt weder die gewünschte Aufmerksamkeit durch ihre Kinder, noch kann sie, falls sie schüchtern ist, die Aufmerksamkeit von sich weg auf ihre Kinder lenken.

Frauen wünschen sich auch Kinder, um eine Verbindung zu einem Mann aufrechtzuerhalten oder zu festigen. Vor noch gar nicht so langer Zeit, als man von Männern noch erwartete, daß sie eine ledige, von ihnen geschwängerte Frau heiraten, benutzten manche Frauen die Schwangerschaft, um den geliebten Mann an sich zu binden. Doch auch ohne sozialen Druck kann selbst heute eine nicht geplante Schwangerschaft Paare in eine Ehe treiben – eine Ehe, die sie sonst erst Jahre später, wenn überhaupt, geschlossen hätten. Noch viel häufiger anzutreffen ist jedoch die Ehefrau, die glaubt, ein Baby könnte ihre gefährdete Ehe retten. Natürlich bedeuten Kinder ein gemeinsames Interesse in einer Ehe, aber das heißt nicht, daß es zwangsläufig auch eine Ehe festigt. Ein Paar, das sich wegen Geld, Sex und Freunden streitet, streitet sich wahrscheinlich noch viel intensiver wegen Kinder.

Existentielle Gründe

Manche Frauen brauchen Kinder, um ihrem Leben einen Sinn und Zweck zu geben. Es sind Frauen, die wenig Freude in ihrem Beruf finden und deren Partnerbeziehungen, falls sie überhaupt welche haben, unbefriedigend sind. Vom Leben enttäuscht, glauben sie, alles würde anders, wenn sie ein Kind hätten. Ihre Sorge um das Wohl des Kindes würde ihrem Leben wieder einen Sinn geben und die Leere in ihrem Dasein ausfüllen.

Einsamkeit ist ein Nährboden für Verzweiflung und Hoffnungslosigkeit. Manche Frauen sind einsam, weil sie keine Partner haben, andere haben zwar Partner, aber mit denen können sie sich nicht wirklich austauschen. Alleinstehende Frauen haben vielleicht gute Freunde, mit denen sie in Krisenzeiten rechnen können, aber es fehlt ihnen jemand, der mit ihnen die täglichen Freuden und Leiden teilt. Diese kinderlosen Frauen stellen sich nun häufig vor, daß ein Kind ein gutes Mittel gegen ihre Einsamkeit wäre. Das mag ja auch stimmen, zumindest in den ersten Lebensjahren des Kindes, bevor es selbständig wird, bevor es Freunde hat und solange sich sein Leben einzig und allein um die Mutter dreht. Gibt es einen Menschen, der mehr geliebt und gebraucht wird als die Mutter eines Kleinkindes? Ein Mittel gegen ihre Einsamkeit – das ist es, warum manche Frauen sich nach Kindern sehnen.

Tiefer schürfen

Im ersten Teil dieses Buches werden die vielen Verluste, die kinderlose Frauen erleiden, aufgezählt: Verlust von Liebe – Liebe, die man einem Kind geben und die man von ihm empfangen kann; Verlust von Freundschaft, speziell bei erwachsenen Kindern; Verlust von Rückhalt durch ein emotionales Auffangnetz; Verlust von Kontinuität der Generationen; Verlust von körperlicher und geistiger Erfahrung.

Vielleicht wissen Sie bereits, welche Art von Verlust Sie am tiefsten getroffen hat. Andernfalls stellen Sie sich die folgenden Fragen: Warum habe ich mir Kinder gewünscht? Welche Bereicherung meines Lebens habe ich mir von Kinder versprochen? Was bedauere ich am meisten an meiner Kinderlosigkeit? Beantworten Sie diese Fragen schriftlich, und zwar möglichst genau, und bewahren Sie das Geschriebene auf.

Sie haben nun viel über Ihre bewußten und/oder unbewußten Gründe, warum Sie sich Kinder wünschten, erfahren. Wenn Sie sich selbst noch besser kennenlernen wollen, sollten Sie den Fragebogen in diesem Buch beantworten. Es sind die Fragen, die die Frauen beantwortet haben, die von mir interviewt wurden oder die mir schrieben. Indem Sie Ihre Kinderlosigkeit im Zusammenhang mit Ihrem ganzen Leben sehen, wird Ihnen sehr viel klarer werden, was »Kinder bekommen« für Sie bedeutet hat. Beantworten Sie auch diese Fragen schriftlich und bewahren Sie den Text auf. Wenn Sie sich dann durch die Schritte Nr. 7 bis 10 arbeiten – »Die mütterliche Energie in andere Kanäle leiten«, »Kinder in Ihr Leben einbeziehen«, »Die Vorteile eines kinderfreien Lebens nutzen«, »Auf der Suche nach weiblicher Ganzheit« –, wird es Ihnen möglich sein, Ihrem Verlust zu begegnen und neue Wege zu finden, Ihre unerfüllten Bedürfnisse zu befriedigen. Doch im Moment genügt es, diese zu erkennen.

»Nie einer liebenden Familie angehören«

Die Geschichte von Pat:
Pat wuchs in einer Universitätsstadt in Montana auf. Ihre mittlerweile verstorbenen Eltern waren beide Alkoholiker. Sie hat noch einen Bruder, zu dem jedoch keine engere Bindung besteht. Pat hatte mehrere, länger dauernde Männerbekanntschaften, aber es kam nie zu der von ihr gewünschten Heirat und Familiengründung. Inzwischen ist sie fünfunddreißig Jahre alt und arbeitet als stellvertretende Geschäftsleiterin bei einer Bank.
»Ich habe mir immer vorgestellt, einmal zu heiraten und vier Kinder zu bekommen. Ich wußte auch schon ganz genau, wie ich sie großziehen wollte. Auf keinen Fall mit einer so negativen Einstellung, wie meine Eltern sie mir und meinem Bruder gegenüber hatten.
Meine Mutter war nicht gerne Mutter. Das Leben mit ihr machte keinen Spaß. Sie beklagte sich andauernd über ihr Schicksal, und wir mußten uns das ganze Jahr über anhören, wieviel Geld

sie für uns an Weihnachten ausgegeben hat. Also, so wie sie wollte ich nie werden.

Ich hätte so gern diese emotionale Nähe erlebt, die zwischen Müttern und ihren Kindern besteht. Da es so etwas zwischen mir und meiner Mutter nie gegeben hat, weiß ich nicht, wie das ist. Ich stelle es mir sehr schön vor, sich so eng mit jemand verbunden zu fühlen. Weil es mir nicht vergönnt war, wollte ich mit meiner Familie – einer Generation, die ich geschaffen habe – erleben, wie es ist, ein gutes Familienleben zu haben. Ich wußte, daß ich eine gute Mutter geworden wäre.

Es gab eine Zeit, wo ich mir die Fernsehserie mit den ›Waltons‹ nicht angucken konnte, so sehr brachte sie mich zum Weinen. Das war, als ich mich entschloß, wegzuziehen, weil ich es mit meiner Familie nicht mehr aushielt. Ich sah diese warmherzigen, liebenden Eltern und all die Kinder, und mir wurde klar, daß es für mich eine warmherzige, liebende Familie nie gegeben hat und nie geben wird. Das schlimmste bei meiner Kinderlosigkeit ist, nie einer liebenden Familie angehört zu haben.«

Das Schicksal von Pat, der eine warmherzige, liebende Familie nie vergönnt war – nicht als Kind und nicht als Erwachsene –, zeigt uns, warum Kinderlosigkeit so grausam sein kann. Es ist schon traurig genug, als Kind auf diese Erfahrungen verzichten zu müssen, noch grausamer ist es jedoch, wenn einem dies als Erwachsener wieder verwehrt wird.

»In uns allen steckt ein Kind«

Die Geschichte von Laverne:
Laverne wurde als Baby adoptiert. Ihre Beziehung zu ihren Eltern, speziell zu ihrer Mutter, war nie sehr gut. Laverne ist geschieden. Sie war dreiundzwanzig Jahre mit einem Mann verheiratet, den sie als unreif beschreibt. Sie wollte Kinder, sah

sich aber nicht in der Lage, ihren Ehemann emotional und finanziell zu stützen und nebenher ein Kind zu versorgen. Sie ist jetzt dreiundfünfzig Jahre alt.

»Ich glaube, wenn man Kinder hat, heilen viele Wunden. In uns allen steckt doch ein Kind, und ein Kind zu haben zeigt dies nach außen. Es ist das ›innere Kind‹, sozusagen das Rohmaterial. Als Kinder konnten wir uns nicht wirklich um uns kümmern, doch um ein eigenes Kind können wir uns so kümmern, wie wir gerne gehabt hätten, daß man sich um uns kümmert. Wir möchten unseren Kindern das geben, was wir nicht gehabt haben.

Meine Mutter übertrug viele ihrer Angst-, Scham- und Schuldgefühle auf mich. Ihr waren Dinge passiert, von denen ich erst erfuhr, als ich erwachsen war. Was wir nicht verarbeiten, geben wir weiter. Am meisten geschmerzt hat mich aber die Unehrlichkeit meiner Eltern. Es gab große Spannungen zwischen den beiden, und ich war ein sensibles Kind, dem dies nicht verborgen blieb. Wenn sie sich stritten und ich sie fragte: ›Warum seid ihr böse aufeinander?‹, bekam ich zur Antwort: ›Wir sind nicht böse aufeinander, du bildest dir das bloß ein.‹

Erst später in meinem Leben habe ich gemerkt, daß die Gründe, warum ich ein Kind wollte, nicht die richtigen waren. Ich wollte ein Kind, um die Familie zu bekommen, die ich nie gehabt hatte, um mir Achtung zu verschaffen, um mir ein Gefühl der Kontinuität zu geben, das mir bei meinen Eltern fehlte, da ich adoptiert worden war. Ein Kind zu bekommen bedeutet, zu reifen und von anderen Frauen anerkannt zu werden. Ich wollte, daß mein Kind etwas werden sollte, was ich nie geworden bin. Mutter zu werden, das war die Chance für mich, etwas Gutes zu leisten.

Seit ich geschieden und von meiner Mutter weggezogen bin, geht es mir bedeutend besser. Ich habe hart gearbeitet, um mir ein gutes Leben aufzubauen. Und trotzdem ist da dieses Gefühl, für niemanden wirklich wichtig zu sein. Alles, was ich erreicht habe, und es ist nicht wenig, genügt mir nicht. Es füllt nur die

Leere aus. Jetzt ist es zu spät, aber tief in meinem Inneren habe ich immer noch das Gefühl, mit einem Kind wäre mein Leben besser geworden.«

Laverne kann ihre Gründe, warum sie ein Kind wollte, ganz genau erkennen. Sie wollte die Wunden, die ihrem ›inneren Kind‹ zugefügt wurden, heilen; sie wollte ein Kind, um Anerkennung zu finden, um sich einen sozialen Status zu verschaffen, den sie, ihrer Meinung nach, selbst nicht erreichen konnte; sie wollte Familienblutsbande zu ihren eigenen Kindern, da ihr dies als adoptiertes Kind verwehrt blieb. Obwohl sich ihr Leben in den letzten Jahren verbessert hat, empfindet sie eine Leere, die nur ein Kind ausfüllen könnte.

Schritt Nr. 3
Den Verlust überleben

Schritt Nr. 3 ist ein Schritt der Hoffnung. Jetzt ist die Zeit gekommen, wo Sie Ihre Grundeinstellung zu einem Leben ohne Kinder ändern können. Hoffnungslosigkeit kann in Hoffnung, Resignation in Mut und Entschlossenheit umschlagen. Wenn wir unsere Einstellung zu unserer Kinderlosigkeit ändern, schaffen wir die Voraussetzungen für einen Wandel in unseren Gefühlen und damit für einen Wandel in unserem Leben.

Wenn Sie wegen Ihrer Kinderlosigkeit verzweifelt sind, fällt es Ihnen vielleicht schwer, zu glauben, daß sich Ihre diesbezüglichen Gefühle einmal ändern könnten. In Ihrem jetzigen Zustand können Sie sich nicht vorstellen, eines Tages wieder glücklich zu sein. Es ist nicht ungewöhnlich, daß man in Zeiten großer Verzweiflung und/oder Depression nicht über die Gefühle hinausblicken kann, die einen zu ersticken drohen. Vielleicht identifizieren Sie sich gar mit dem Schrei der Rahel: »Schaffe mir Kinder, wenn nicht, so sterbe ich.« Doch Sie werden nicht sterben, wie schlecht Sie sich auch fühlen. Je nach Ihrem Alter werden Sie noch weitere zwanzig, dreißig, vierzig Jahre leben, ohne das von Ihnen gewünschte Kind. Und es kann ein gutes, befriedigendes Leben sein.

Vielleicht haben Sie Ihre Kinderlosigkeit auch nie als traumatisch empfunden. Vielleicht haben Sie sich damit abgefunden, ein Leben ohne Kinder zu führen. Doch tief in Ihrem Inneren sind Sie überzeugt, daß es ein Leben zweiter Klasse ist. In diesem Fall hilft Ihnen dieser Schritt. Denn wie so viele kinderlose Frauen vor Ihnen können auch Sie ein erfülltes, befriedigendes Leben führen. Es muß kein Leben zweiter Klasse sein.

Unser Verhalten selbst bestimmen

Viktor E. Frankl[*] zeigt uns in seinem Buch *Man's Search for Meaning*, daß wir Entscheidungsfreiheit haben, daß wir bestimmen können, wie wir auf Enttäuschungen und Tragödien reagieren. Als Gefangener eines Konzentrationslagers hatte Frankl beobachtet, wie verschieden die Inhaftierten ihre elende Lage hinnahmen. Manche gaben sich selbst auf; sie ertrugen ein derartiges Leben nicht. Manche zogen sich in sich selbst zurück. Doch es gab auch welche, die durch das Lager gingen, um die anderen zu trösten und mit ihnen ihr letztes Stück Brot zu teilen. Für Frankl sind diese Menschen der Beweis dafür, »daß man einem Menschen alles nehmen kann, ausgenommen sein letztes Stückchen Freiheit, das darin besteht, sein Verhalten in jeder gegebenen Situation selbst zu bestimmen«.

Bei meiner Tätigkeit als Sozialarbeiterin habe ich gesehen, wie unterschiedlich Menschen auf Tragödien in ihrem Leben reagieren. Ein Schicksal, wie zum Beispiel Blindheit, ein Leben im Rollstuhl oder eine unheilbare Krankheit, ertragen manche

---

[*] Viktor E. Frankl, *Der Mensch vor der Frage nach dem Sinn* (Anm. d. Übers.)

Menschen mit Würde und der Entschlossenheit, trotz aller Härte das Beste aus ihrem Leben zu machen.

Andere wiederum werfen Schicksalsschläge total aus der Bahn, sie hadern mit sich und der Ungerechtigkeit des Lebens, geben auf und verzichten so auf das Gute, das ihnen ihr Dasein trotzdem noch zu bieten hat.

Mit Kinderlosigkeit ist es so ähnlich. Sie haben eine große Enttäuschung, ein großes Leid erfahren. Sie hatten wenig Einfluß auf das, was Ihnen zugestoßen ist, aber Sie haben Einfluß auf Ihr Verhalten danach. Sie bestimmen, wie Sie Ihre Kinderlosigkeit in dem Ihnen verbleibenden Leben betrachten, wie Sie damit fertig werden wollen. Sie und ich, wir alle können unser Verhalten selbst bestimmen. Letztendlich liegt es an uns, wie wir unsere Enttäuschung bewältigen, wie wir unseren Verlust überwinden. Niemand kann uns diese Aufgabe abnehmen.

Die Bereitschaft zur Überwindung

Ich höre Sie schon protestieren: »Aber wie soll das gehen? Es nur zu sagen ändert doch nichts.« Sie haben vollkommen recht. Einfach nur zu sagen: »Okay, ab jetzt bin ich nicht mehr traurig, ab jetzt nehme ich mein Leben wieder in beide Hände« läßt Ihren Kummer nicht verschwinden. So funktioniert das Leben nicht. Nur zu wollen, daß etwas ist, läßt es nicht geschehen. Sie müssen bereit sein, es geschehen zu lassen. In diesem Zusammenhang erinnere ich mich an den Satz, den ich einmal über das Streben nach Glück gelesen habe: »Das Wollen allein wird es nicht bringen, aber ohne Wollen wird man es erst recht nicht erreichen.« Genauso ist es mit der Überwindung von Traurigkeit und Enttäuschung. Nur zu wollen, daß diese Gefühle vorbeigehen, hilft nicht. Bevor dies geschieht, müssen wir offen für die Veränderung, bereit für die Überwindung sein.

Es mag absurd klingen, aber manche Menschen klammern sich an ihren Kummer. Dafür gibt es verschiedene Gründe. So könnte im Falle der Kinderlosigkeit die Bereitschaft zur Überwindung von Ihnen als Beweis dafür gesehen werden, daß Ihr Kinderwunsch eher oberflächlicher Natur war. Denn etwas, was sich überwinden läßt, kann doch gar nicht so wichtig gewesen sein. Oder Sie haben sich so an Ihren Kummer gewöhnt, daß er zu einem Bestandteil Ihrer selbst geworden ist. Sie können sich nicht vorstellen, jemals wieder glücklich und zufrieden zu sein. Jetzt ist es an der Zeit, etwas Selbstliebe ins Spiel zu bringen, etwas für sich selbst zu tun, denn: Sie wollen doch nicht den Rest Ihres Lebens unglücklich sein? Und Sie möchten sich doch ein erfülltes, befriedigendes Leben aufbauen, auch wenn dies ein Leben ohne Kinder sein muß? Ich sage nicht, daß Sie zum jetzigen Zeitpunkt Ihres Heilungsprozesses bereits wissen müssen, wie dieses Leben auszusehen hat. Das Bild dieses Lebens wird langsam entstehen. Doch zuerst kommt das Versprechen, die Entschlossenheit, sich selbst helfen zu wollen.

Das eigene Glück vor Augen zu haben ist für manche von Ihnen vielleicht etwas Fremdes. Sie sind es nicht mehr gewöhnt, an sich selbst zu denken, oder Sie glauben, Glück nicht verdient zu haben. Sollte dies zutreffen, müssen Sie lernen, anders mit sich umzugehen, sich selbst anders zu betrachten. Am besten erreichen Sie dies, indem Sie selbst zu Ihrer besten Freundin werden. Eine meiner Bekannten nennt dies ihren »Trick mit der kranken Freundin«. Immer wenn sie das Gefühl hat, ungerecht gegen sich selbst zu sein, stellt sie sich vor, wie sie mit einer kranken Freundin umgehen würde, und sie versucht dann, auch sich mit derselben Freundlichkeit, Sanftmut und Geduld zu behandeln. Sagen Sie sich (auch wenn Sie es anfangs nicht glauben): »Ich verdiene es, glücklich zu sein. Ich verdiene es, ein gutes Leben zu haben. Andere sind darüber hinweggekommen. Ich kann das auch.«

Sollten die negativen Gefühle nicht nachlassen, rate ich Ihnen professionelle Hilfe in Form einer Therapie in Anspruch zu nehmen. Es könnte sein, daß das Leid über Ihre Kinderlosigkeit tiefer liegende Gefühle geringer Selbstachtung überdeckt, unter denen Sie Ihr ganzes Leben gelitten haben. Mit professioneller Hilfe können diese negativen Gefühle abgebaut werden, so daß auch für Sie die Zukunft erfreulicher sein wird. Sie werden sehen, mit der richtigen Hilfe läßt sich viel erreichen.

Opfer oder Überlebende?

Eine Frau, die ich interviewt habe, arbeitete bei der Betreuung vergewaltigter Frauen mit. Von ihr erfuhr ich von dem Konzept »Aus der Situation des Opfers in die Situation der Überlebenden wechseln«. Eine Frau, die vergewaltigt wurde, fühlt sich ohne Zweifel als Opfer. Doch Opfer sind hilf- und wehrlos. Sie können das, was ihnen passiert, nicht abwenden, und sie können es auch nicht beeinflussen. Sie sind den anderen ausgeliefert. Der Heilungsprozeß nach einer Vergewaltigung wird vorangetrieben, wenn die Frau beginnt, sich nicht als Opfer, sondern als Überlebende zu sehen, als jemand, dem ein Unglück zugestoßen ist, dieses aber überlebt hat und daraus gestärkt hervorgeht. Überlebende sind widerstandsfähige und erfinderische Menschen, die schwierige Situationen meistern.

Man kann dies auch auf Kinderlosigkeit beziehen, bei der Sie sich als Opfer einer ungerechten Strafe fühlen, weil Sie das Kind, das Sie sich wünschten, nicht bekommen haben. Wie alle Gefühle sind auch diese Gefühle echt und berechtigt, aber sie helfen Ihnen nicht bei Ihrem Überwindungs- und Heilungsprozeß. Versuchen Sie einmal, sich in einem anderen Licht zu sehen: Sie haben eine große Enttäuschung erlebt, Sie haben sie überlebt, und die Zukunft liegt vor Ihnen – eine Zukunft, die Sie beeinflussen und gestalten können. Wenn Sie sich als eine Überlebende sehen, werden Sie sich stärker fühlen, die Situation besser unter Kontrolle haben und freudiger in die Zukunft blicken.

Das Ringen um Gelassenheit

Sie kennen vielleicht die Bitte um Gelassenheit, die ein wichtiger Teil im 12-Schritte-Programm der Anonymen Alkoholiker ist:

Gott gebe uns Gelassenheit, das hinzunehmen, was wir nicht ändern können.
Aber er gebe uns auch den Mut, die Dinge zu ändern, die wir ändern können,
und die Weisheit, das eine vom anderen zu unterscheiden.

Sie können die Tatsache Ihrer Kinderlosigkeit nicht ändern. Das ist Ihre und das ist auch meine Realität. Was wir aber ändern können, ist die Art, wie wir mit unserer Kinderlosigkeit umgehen, und die Auswirkung, die sie auf unser weiteres Leben hat. Mit Beherztheit und Willen läßt sich unser Leid überwinden. Dann wird Gelassenheit in unsere Seelen und in unsere Leben einkehren.

»Ich möchte glücklich sein«

Die Geschichte von Jamie:
Jamie war neunzehn Jahre alt, als sie sich in einen fünfundzwanzig Jahre älteren Mann verliebte. Sie wußte, daß er keine Kinder mehr wollte, da seine früheren Erfahrungen als Vater »einfach entsetzlich« gewesen waren. Jamie glaubte jedoch, ihn zu einer Änderung seiner Meinung überreden zu können. Das gelang ihr leider nicht – im Gegenteil, kurz vor ihrer Hochzeit ließ er sich sterilisieren. Für Jamie war dies ein großer Schock. Trotzdem liebt sie ihren Mann und bedauert nicht, ihn geheiratet zu haben. Aber die Sehnsucht nach einem Kind ist ihr geblieben. Heute ist sie neunundzwanzig Jahre alt.
»Als ich meinen Mann heiratete, glaubte ich, mein Mutterinstinkt

würde mit der Zeit nachlassen. Doch statt nachzulassen, wurde er immer stärker. Die ganzen Jahre über fühlte ich mich innerlich leer und einsam. Ich sah mich als Mutter ohne Kind. Immer wenn mir eine schwangere Frau begegnete, wünschte ich mich an ihre Stelle. Es war ein Schmerz, der nicht weggehen wollte. Ich habe sogar an Selbstmord gedacht.

Alles hat sich für mich geändert, als ich vor wenigen Monaten erfuhr, daß ich ein bösartiges Melanom im Vaginalbereich habe. Zu wissen, daß ich Krebs habe, hat mir irgendwie geholfen, wieder Licht zu sehen. All diese Jahre habe ich gedacht, das Leben ist es nicht wert, gelebt zu werden, wenn ich kein Kind bekomme. Jetzt, wo ich sterben könnte, sehe ich, wie schön das Leben ist. Ich bin fest überzeugt, daß Kummer und Schuldgefühle im Körper Krankheiten auslösen können. Sicherlich haben die zehn Jahre, in denen ich mich mit Depressionen und Selbstmordgedanken herumgeschlagen habe, dazu beigetragen, daß sich in meinem Körper Krebs entwickelt hat.

Ich habe mir und meinem Mann Vorwürfe gemacht. Aber jetzt sehe ich ein, daß man Vergangenes nicht rückgängig machen kann. Was geschehen ist, ist geschehen. Es ist nicht leicht, Kinderlosigkeit zu akzeptieren, aber ich versuche jetzt, mein Leben positiv zu sehen. Wahrscheinlich ist es leichter, unglücklich zu sein. Glück muß man erarbeiten. Inzwischen weiß ich, daß es an mir liegt, ob ich glücklich bin. Ich habe kein Kind, und es sieht nicht so aus, als ob ich je eines bekommen werde, und dennoch will ich glücklich sein.«

Seit Jamie weiß, daß sie Krebs hat, sieht sie das Leben mit anderen Augen. Sie war verzweifelt wegen ihrer Zukunft ohne Kinder; nun erkennt sie, wie schön es ist, überhaupt eine Zukunft zu haben, und wie sehr sie sich diese wünscht. Eine Änderung unserer Einstellung hilft uns, unser Leben wieder zu schätzen, und ebnet den Weg für neue lockende Aufgaben.

»Soll ich es akzeptieren?«

Die Geschichte von Marjorie:
Marjories Eltern liebten ihre vier Kinder, aber sie liebten sich gegenseitig nicht.

Marjories erste Ehe, die zwölf Jahre dauerte, war chaotisch und nahm all ihre Zeit und Energie in Anspruch. Sie wünschte sich zwar Kinder, aber sie wollte ihnen ein solches Zuhause nicht zumuten. Als sie wieder heiratete – sie war inzwischen vierzig Jahre alt –, versuchte sie schwanger zu werden. Es klappte auch zweimal, endete aber jedesmal mit einer Fehlgeburt. Heute ist Marjorie fünfzig Jahre alt.

»Nach meiner Scheidung empfand ich meine Kinderlosigkeit am schmerzhaftesten. Ich möchte behaupten, daß es eine der qualvollsten Erfahrungen in meinem Leben war. Doch ich bin in dieser Zeit auch innerlich gewachsen. In meiner Ehe war ich ein totaler Versager, erst danach bin ich emotional, mental und körperlich stark geworden.

In meiner zweiten Ehe, nachdem die beiden Schwangerschaften als Fehlgeburten endeten, wurde mir klar, daß ich keine Chance mehr auf ein Kind hatte. Ich sagte mir: Willst du der Sache ein Leben lang nachtrauern, oder willst du lernen, es zu akzeptieren? Ich entschied mich für letzteres. Akzeptieren heißt jedoch nicht, daß das Problem damit erledigt ist. Man muß sich mit dem, was man akzeptiert hat, weiterhin auseinandersetzen. Man akzeptiert es nicht ein für allemal, es kommt erst allmählich.

Es gibt Tage, an denen ich deprimiert, niedergeschlagen und wütend auf alles bin, aber diese Tage sind inzwischen sehr selten geworden. Manchmal überfällt mich auch noch Selbstmitleid, aber ich achte darauf, daß es nicht zur Gewohnheit wird. Eine meiner Stärken ist, aus etwas Negativem Energie für Positives zu ziehen. Ich kann nicht sagen, daß mein Kummer vollkommen verschwunden ist, da ist immer noch eine gelegentliche Wehmut. Verschwunden ist dagegen mein Wunsch, noch ein Kind zu bekommen.

Sehr geholfen hat mir auch, daß ich in anderen Bereichen meines Lebens Erfüllung gefunden habe. Ich habe viel an mir und meinem Leben gearbeitet, und ich bemühe mich um gute menschliche Beziehungen. Ich gestalte aktiv meine Gegenwart und verfolge meine anderen Lebensträume. Ich lebe so, wie ich es gerne möchte. Ich glaube, es ist wichtig, daß man seine Energie dazu benutzt, etwas Positives zu schaffen. Man sollte sie nicht brachliegen lassen. Ich führe jetzt eine wirklich gute Ehe, und ich habe Stiefkinder. Ich lebe ein sehr gutes, sehr erfülltes Leben.«

Als Marjorie einsehen mußte, daß sie nie Kinder bekommen wird, entschied sie sich bewußt, ihre Kinderlosigkeit akzeptieren zu lernen. Es war nicht leicht, und es klappte auch nicht immer, aber die Alternative wäre gewesen, ein Leben lang ihr Schicksal zu beklagen und zu beweinen. Weil Marjorie tatkräftig neue Interessen und neue soziale Kontakte suchte, führt sie mittlerweile ein zufriedenstellendes Leben.

Schritt Nr. 4:
Sich von Schuldgefühlen lösen

Fast könnte man sagen, »beschuldigen« ist eine uns angeborene Eigenschaft. Kaum haben kleine Kinder sprechen gelernt, fangen sie bereits damit an. Sie beschuldigen die Geschwister, die Freunde, den Hund und die Katze – wer und was immer ihnen gerade über den Weg läuft. Wenn sie älter werden, lernen sie auch, sich selbst die Schuld zu geben.

Niemand von uns ist perfekt. Wir alle machen Fehler. Wenn wir aus unseren Fehlern lernen sollen, müssen wir herausfinden, welches Verhalten ihnen zugrunde liegt. Diese Art der Schuldzuweisung, die Verantwortung erkennen und übernehmen, kann eine Erfahrung sein, die uns wachsen läßt. Die andere Art der ·Schuldzuweisung – Ausdruck der Mißbilligung oder des Vorwurfs, Kritik – wirkt sich jedoch oft als negative Kraft in unserem Leben aus.

Die vorrangige Beschäftigung mit negativen Gefühlen, seien es nun Eifersucht, Haß oder Schuldzuweisungen, vergiften unser Leben. Negative Gefühle schaden zweifellos der Person, die sie hegt viel mehr, als der Person, der sie gelten. Noch größer ist der Schaden jedoch, wenn Subjekt und Objekt ein und dieselbe Person sind, nämlich wir. Halten wir an Schuldzuweisungen fest, verankern wir uns in der Vergangenheit. Erst wenn wir Schuldzuweisungen fallenlassen, befreien wir uns aus dieser Verankerung und können unseren Blick nach vorn richten.

Beschuldigungen können rational oder irrational oder auch beides sein. Die Intensität der Beschuldigungen hat wenig zu tun mit dem Vorhandensein oder Fehlen von rationalen Gründen. Irrationale Beschuldigungen können genauso intensiv sein wie rationale, doch ist es meist schwieriger, sich mit ihnen zu befassen. Sie haben keine erkennbaren äußeren Ursachen, sondern stammen aus nicht auslotbaren Tiefen unseres Inneren.

Wem geben wir die Schuld?

Uns selbst geben wir am häufigsten die Schuld. Wir beschuldigen uns, weil wir

– nicht schwanger geworden sind,
– Fehlgeburten hatten,
– einen mangelhaften Körper haben,
– abgetrieben haben,
– die Entscheidung, Kinder zu bekommen, zu lange hinausgezögert haben,
– Männer geheiratet haben, die keine Kinder wollten,

- uns einverstanden erklärten, keine Kinder zu bekommen, ohne uns genau zu überlegen, was das für uns bedeutet,
- Beziehungen zu den falschen Männern hatten,
- die Bedürfnisse der Männer über unsere eigenen gestellt haben,
- es nicht geschafft haben, zu heiraten und Kinder zu bekommen.

Ehemännern und Lebenspartnern geben wir am zweithäufigsten die Schuld.
Wir beschuldigen sie, weil sie
- kein Kind zeugen konnten,
- keine Kinder wollten,
- keine weiteren Kinder wollten,
- einer Adoption nicht zustimmten,
- mit einer künstlichen Befruchtung nicht einverstanden waren,
- auf einer Abtreibung bestanden haben,
- die Entscheidung, Kinder zu bekommen, hinauszögerten,
- sich nicht als Vater eigneten (wegen Unreife, Drogen-, Alkohol-, Spielsucht etc.)
- nicht verstehen, was ein Kind uns bedeutet.

Manchmal werden auch die *Eltern* beschuldigt.
Wir geben Vater oder Mutter oder beiden die Schuld, weil sie
- uns kein normales Familienleben geboten haben und uns dadurch die Reife und Ausgeglichenheit fehlt, die wir gebraucht hätten, um heiraten und eigene Kinder bekommen zu können,
- ihr krankhaftes Verhalten an uns weitergegeben haben,
- uns zu einer Abtreibung gedrängt haben,
- uns zur Karrierefrau erzogen haben (damit wir nicht, wie unsere Mütter, in die Abhängigkeit geraten).

Schwiegermütter können nichts für unsere Kinderlosigkeit.
Trotzdem geben wir ihnen die Schuld, weil sie
– uns abgelehnt haben, da wir keine Kinder bekommen konnten.

Den leiblichen *Müttern unserer Stiefkinder* geben wir die
Schuld, weil sie
– ihre Kinder auf eine Art und Weise erzogen haben, die uns
nicht gefällt,
– nicht nett zu unseren Männern sind und sich in unser Leben
einmischen,
– unsere Stiefkinder gegen uns aufhetzen.

Ärzten und ihrem Personal geben wir die Schuld, weil sie
– arrogant mit uns umgesprungen sind,
– ohne Feingefühl auf unsere physischen und psychischen Bedürfnisse reagiert haben,
– schmerzhafte Untersuchungen und Behandlungen bei uns
vornahmen und erwarteten, daß wir die Schmerzen klaglos
hinnehmen.

Wir geben *Gott oder dem Schicksal* die Schuld, weil
– Gott allmächtig ist, und es demzufolge in seiner Macht stand,
uns ein Kind zu geben,
– wir sonst niemanden haben, dem wir die Schuld geben
können.

Wir geben *Adoptionsstellen* die Schuld, weil
– sie lächerliche Kriterien für geeignete Eltern haben, Kriterien,
die uns ausschließen, da wir nicht verheiratet oder zu arm sind
oder zu kleine Badezimmer haben.

Warum beschuldigen wir?

Wir beschuldigen, weil es uns ärgert, daß wir keine Kinder haben. Ärger braucht und sucht eine Zielscheibe. Ein unbestimmter, allgemeiner Ärger frustriert uns mehr als einer, der auf etwas Bestimmtes gerichtet ist. Die unerwünschte Situation wird erträglicher, weil wir unseren Ärger gezielt auf etwas lenken können. Wenn wir glauben, den Schuldigen zu kennen, empfinden wir eine gerechte Empörung und moralische Entrüstung. Durch die Konzentration auf das Ziel unserer Beschuldigung vergessen wir, zumindest für den Moment, unser Leid und unseren Schmerz.

Ein zweiter, etwas schwieriger zu verstehender Grund, warum wir beschuldigen, basiert auf dem weitverbreiteten Glauben, daß sich ein Problem leichter lösen läßt, wenn wir wissen, wodurch es entstanden ist. Finden wir einen konkreten, einfach zu erkennenden Grund, warum wir keine Kinder bekommen, besteht eine sehr reale Möglichkeit, Abhilfe zu schaffen, indem wir diesen Grund ausschalten – zumindest möchte unser Herz uns dies glauben lassen.

Wir haben Jeanne bereits kennengelernt. Sie ist die Frau, die mehrere Fehlgeburten erlitten hat und sich jetzt vorwirft, etwas falsch gemacht zu haben (sie konnte nicht sagen, was, sie hatte nur Vermutungen: Vielleicht war sie nicht entspannt genug gewesen, vielleicht war sie zu schnell gelaufen, vielleicht hätte sie nicht mit ihrem Mann schlafen sollen). Während unseres Gesprächs versuchten wir herauszufinden, warum sie so hartnäckig an ihren Selbstbeschuldigungen festhält, obwohl sie weiß, daß diese irrational sind. »Ich weiß, was es ist«, flüsterte sie schließlich. »Wenn ich etwas falsch gemacht habe, kann ich möglicherweise herausfinden, was es war, und kann es dann richtig machen und bekomme mein Baby. Wenn ich mich nicht beschuldigen, mich nicht dafür verantwortlich machen kann, gibt es keine Hoffnung mehr. Ich muß dann akzeptieren, daß ich nie ein Kind bekommen werde.« Es ist also nicht verwunderlich, daß sie sich an ihre Selbstbeschuldigung klammert, es ist ihr einziger, wenn auch irrationaler Hoffnungsschimmer.

Wenn Sie sich aus demselben Grund wie Jeanne selbst beschuldigen, sollten Sie vielleicht bewußt Ihre Hoffnungen auf ein Kind aufgeben – auch wenn es schmerzt –, um sich so von Ihren Selbstbeschuldigungen zu befreien. Weder Beschuldigungen noch Hoffnungen können Geschehenes ungeschehen machen. Sich an falsche Hoffnungen zu klammern, das ist nicht gut für die Gegenwart und auch nicht gut für die Zukunft.

Erkennen und akzeptieren, welche Rolle wir selbst gespielt haben

Die meisten von uns waren bei den Ursachen, warum sie kinderlos sind, auf irgendeine Weise mit beteiligt. Von mir jedenfalls kann ich das mit Sicherheit behaupten. Wenn Sie Ihr Gewissen befragen und Ihr Leben überprüfen, werden auch Sie wahrscheinlich feststellen, daß Sie – unbeabsichtigt vielleicht – Entscheidungen getroffen haben, die zu Ihrer Kinderlosigkeit beigetragen haben. Vielleicht hatten Sie eine Abtreibung. Vielleicht haben Sie einen Partner gewählt, der keine Kinder möchte. Vielleicht hatten Sie Bedenken, ein Kind allein großzuziehen. Vielleicht haben Sie sich gegen eine Adoption entschieden. Erkennen, welche Rolle wir gespielt haben, hilft uns, mit der Beschuldigung anderer Schluß zu machen. Falls Sie sich noch nie überlegt haben, inwieweit Sie beteiligt gewesen sind, ist es jetzt an der Zeit, dies zu tun.

Die eigene Verantwortung zu erkennen und zu akzeptieren (mit der Hilfe einer guten Therapeutin) war für mich ein wichtiger Schritt. Ich habe erkannt, daß ich zu meiner Kinderlosigkeit einiges beigetragen habe, indem ich die Ambivalenz meines Exehemannes hingenommen habe. Ich hätte auch darauf bestehen können, ein Kind zu bekommen; ich hätte, ohne es ihm zu sagen, mit der Empfängnisverhütung aufhören können (was übrigens viele Frauen tun, deren Partner keine Kinder wollen); ich hätte ihn verlassen können. Ich habe nichts von alledem getan, und deshalb war auch ich – wenn auch unbeabsichtigt – an den Gründen für meine Kinderlosigkeit beteiligt. Später, als wir – mein jetziger Mann und ich – wegen meiner Unfruchtbarkeit keine Kinder bekommen konnten, habe ich mich gegen eine Adoption entschieden, da ich weder die Energie noch die Willensstärke für weitere Ungewißheiten und zerplatzte Hoffnungen aufbringen konnte.

Wenn Sie zum ersten Mal erkennen, daß Sie nicht unbeteiligt waren, werden Sie Ihren Ärger und Ihre Beschuldigungen möglicherweise nicht mehr auf andere, sondern auf sich selbst richten. Das ist, glaube ich, eine ganz normale Reaktion. Auch bei mir gab es eine Zeit, wo ich mir starke Vorwürfe machte. Glücklicherweise dauerte dies nicht lange. Vielleicht half mir dabei mein Beruf als Sozialarbeiterin, denn er hatte mir gezeigt, daß es legitime Gründe gibt, warum Menschen auf eine gewisse Weise handeln, warum sie gewisse Entscheidungen treffen, obwohl sie selbst nicht wissen oder verstehen, warum sie dies tun. Ein offenbar unlogisches Verhalten wird erst verständlich, wenn man das Leben der Betreffenden in seiner Gesamtheit betrachtet.

Zum Beispiel ist das Verlangen vieler Frauen nach seelischer Geborgenheit in jungen Jahren so stark an die Eltern und später an den Partner gekoppelt, daß sie es nicht wagen, sich und ihre Bedürfnisse durchzusetzen. Es ist, als ob ihr weiteres Leben einzig und allein von dieser Beziehung abhängt und das Funktionieren dieser Beziehung wiederum von dem Eingehen auf die Bedürfnisse und Wünsche des anderen. Berücksichtigt man also, was auf dem Spiel steht, ist das Handeln (oder Nichthandeln) plausibel.

Wenn Sie Ihre tieferen Gründe für ein gewisses Verhalten oder gewisse Entscheidungen herausfinden möchten, sollten Sie wie folgt vorgehen: Nehmen Sie eine respektvolle Einstellung sich selbst gegenüber an; setzen Sie voraus, daß es legitime Gründe gab, warum Sie sich so verhalten haben, Gründe, die verständlich werden, wenn man Ihre Lebensumstände berücksichtigt; halten Sie mit Ihrem Urteil zurück; kritisieren Sie Ihre Antworten nicht; und nun sagen Sie zu sich selbst: »Ich habe (das und das getan) …, weil …« Oft kommt dann eine tiefer liegende, psychische Ursache zum Vorschein. Nachdem ich gelernt hatte, mich selbst besser zu verstehen, konnte ich meine Verantwortung akzeptieren, ohne mich zu beschuldigen.

Abtreibungen

Von den vielen von Frauen vorgenommenen Handlungen und Entscheidungen, die in die Kinderlosigkeit führen können, ist Abtreibung diejenige, die Frauen am häufigsten zur Selbstbeschuldigung bringt.

Wenn eine Frau sich entschließt abzutreiben, nimmt sie im allgemeinen und auch zu Recht an, daß sie später wieder schwanger werden und Kinder bekommen kann. Tatsächlich sind viele Frauen, die abgetrieben haben, noch Mütter geworden. Ist es einer Frau zu einem späteren Zeitpunkt jedoch nicht mehr möglich, ein Kind zu bekommen, sieht sie vielleicht den Grund in der früher vorgenommenen Abtreibung und macht sich deswegen Vorwürfe.

Viele der von mir interviewten Frauen haben abgetrieben. Ihre Reaktion auf diese Abtreibung kann man in drei Kategorien einteilen:

1. *Frauen, die ihre Entscheidung, abgetrieben zu haben, für richtig halten und heute wieder so handeln würden.*
   Einige Frauen machten sich keinerlei Vorwürfe. Sie waren immer noch überzeugt, daß unter ihren damaligen Lebens-

umständen eine Abtreibung der einzig mögliche Weg gewesen war. Sie bedauerten vielleicht, daß ihre Lebenssituation zu jener Zeit so gewesen ist, und sie bedauerten sicherlich, daß sie keine Kinder haben, aber sie machten sich keine Vorwürfe wegen ihrer Abtreibung. Eine Frau sagte mir: »Mein Mann war sehr jung, ein Baby hätte ihn überfordert. Ich liebte ihn sehr und würde in der gleichen Lage wieder so entscheiden. Ich mache mir keine Vorwürfe wegen der Abtreibung. Es tut mir nur leid, daß ich später keine Kinder mehr bekommen konnte.« Eine andere Frau meinte: »Ich hätte gern ein Kind gehabt, aber ich wollte keine alleinstehende Mutter sein. Ich möchte das auch heute noch nicht, deshalb war es die richtige Entscheidung. Ich habe getan, was ich tun mußte.«

2. *Frauen, die es bedauern, daß sie abgetrieben haben, sich deswegen jedoch keine Vorwürfe machen.*
Diese Frauen sagen heute: Wenn sie gewußt hätten, daß sie keine Kinder mehr bekommen können, hätten sie damals nicht abgetrieben. Dennoch – obwohl sie ihr Handeln bedauern – machen sie sich keine Vorwürfe. »Ich habe getan, was ich damals für richtig gehalten habe. Mehr kann ich von mir nicht verlangen«, sagte eine Frau. Eine andere erklärte: »Man wird verrückt, wenn man sein Leben unter dem Aspekt betrachtet: ›Was wäre, wenn ich statt dessen jenes getan hätte.‹ Das bringt doch nichts.«

3. *Frauen, die sich Vorwürfe machen, weil sie abgetrieben haben.*
Diese Frauen verzehren sich vor Reue, überschütten sich mit Selbstvorwürfen und lassen keinerlei Entschuldigung gelten. »Ich verzeihe mir nie, daß ich abgetrieben habe«, schrieb mir eine Frau. »Ich habe meine einzige Chance, ein Kind zu

bekommen, verspielt.« Eine andere Frau meinte: »Gott bestraft mich, weil ich mein Baby getötet habe.« Die Gewissensbisse dieser Frauen sind verständlich, aber sie werden nichts an der Sache ändern. Im Gegenteil, sie nehmen den Frauen die Energie und die Perspektiven, die man braucht, um den Blick nach vorn zu richten und sich ein lohnendes Leben aufzubauen. Zum Glück ist es möglich, von diesen intensiven Schuldgefühlen wegzukommen. Frauen können lernen, sich selbst zu verzeihen. Therapien, Selbsthilfegruppen und religiöser Beistand sind dabei eine Hilfe.

Gestörte Familienverhältnisse

Auch Frauen, die in ernsthaft gestörten Familienverhältnissen aufwuchsen, tendieren dazu, sehr hart mit sich selbst umzugehen. In ihren Selbstvorwürfen geben sie die negativen Erfahrungen ihrer Kindheit und Jugend wieder. Einige dieser Frauen wünschten sich zwar Kinder, verzichteten aber darauf, weil sie befürchteten, aufgrund ihrer psychischen Instabilität nicht zur Mutter zu taugen. Dabei sehnten sie sich eigentlich danach, in Familien, die sie selbst gegründet hatten, das zu erleben, was ihnen in ihrer ursprünglichen Familie verwehrt geblieben ist. »Ich fühle mich als Versager, weil ich nie mit mir selbst ins reine gekommen bin und das getan habe, was ich eigentlich hätte tun sollen, nämlich heiraten und eine Familie gründen«, sagte mir eine Frau. »Ich wollte es, aber es war für mich nicht erreichbar.« Wenn ich mir ihre Lebensgeschichte anhörte, war ich erstaunt, was sie trotz ihrer psychischen Probleme alles erreicht hatten. Sie waren erfolgreich in ihrem Beruf, und einige waren auch glücklich verheiratet.

Wenn auch Sie aus gestörten Familienverhältnissen stammen und sich die Schuld an Ihrer Kinderlosigkeit geben, sollten Sie sich einmal vor Augen führen, was Sie trotz schlechter Startbedingungen aus Ihrem Leben gemacht haben. Da Sie ein normales und kein übermenschliches Wesen sind, das jedes Hindernis aus dem Weg räumen und jeden Drachen besiegen kann, sollten Sie sich beglückwünschen, wenn Sie weder drogen- oder alkoholabhängig noch selbstmordgefährdet sind, um einige extreme Beispiele zu nennen. Ja, wenn die Umstände anders gewesen wären, hätten Sie gern Kinder gehabt, aber es ist nun einmal nicht anders gewesen. Anerkennen Sie das, was Sie erreicht haben.

Es hilft auch oft, wenn man zu verstehen versucht, was unsere Eltern zu dem gemacht hat, was sie sind. Nicht selten sind auch sie in gestörten Familienverhältnissen aufgewachsen und hatten dabei noch das doppelte Pech, daß es damals weniger Hilfe und weniger Verständnis für psychische Nöte gab. Im allgemeinen wollen Eltern das Beste für ihre Kinder, wobei sich das, was sie für das Beste halten, aus ihren schlechten Erfahrungen entwikkelt hat. Auch wenn Sie die Handlungsweise Ihrer Eltern später nachvollziehen können, bleiben die Wunden bestehen. Aber allein das Wissen, daß sie mit Problemen zu kämpfen hatten und zum Zeitpunkt ihrer Elternschaft belastet waren, wird Ihnen helfen.

Schluß mit der Selbstbeschuldigung

Die folgenden Übungen, die ich hier für unsere Zwecke umgearbeitet habe, werden häufig in Therapiesitzungen angewandt. Sie sollten dabei liebevoll und geduldig mit sich selbst umgehen (denken Sie an den Trick mit der kranken Freundin, über den wir in Schritt Nr. 3 gesprochen haben). Je mehr Verständnis und Trost Sie für sich selbst aufbringen können, um so besser.

Schriftlich um Verzeihung bitten

Eine wirkungsvolle Übung, die sich nicht nur in bezug auf Kinderlosigkeit als sehr hilfreich erwiesen hat, ist es, schriftlich um Verzeihung zu bitten. Fassen Sie in einem Satz zusammen, wen Sie um Verzeihung bitten wollen und warum, und schreiben Sie diesen Satz zwanzigmal (es kann sich dabei um Ihre eigene oder eine andere Person handeln; siehe die unten aufgeführten Beispiele). Am nächsten Tag formulieren Sie in einem neuen Satz, was Sie jetzt fühlen, und schreiben Sie diesen Satz ebenfalls zwanzigmal. Es macht nichts, wenn das, was Sie schreiben, nicht genau Ihre Gefühle widerspiegelt. Das Geschriebene ist eine Vorsatzerklärung, und die Wiederholung hilft, daß aus dem Vorsatz Wirklichkeit wird. Wenn Sie die Übung konsequent durchführen, werden Sie bemerken, daß Wut und Beschuldigungen nachlassen und Sie alten Groll und Ärger loswerden. Nachfolgend einige Beispiele:

1. Tag: Ich, Marie, verzeihe meiner Mutter, daß sie so gefühllos und egoistisch war und mich zu einer Abtreibung gezwungen hat (zwanzigmal wiederholen).
5. Tag: Ich, Marie, verzeihe meiner Mutter, daß sie mich zu der Abtreibung gedrängt hat und nicht erkannte, wie sehr ich das Baby wollte (20mal wiederholen).
10. Tag: Ich, Marie, verzeihe meiner Mutter, daß sie getan hat, was sie für das Beste hielt (zwanzigmal wiederholen).

Wenn Sie daran arbeiten, sich selbst zu verzeihen, könnten die Sätze so aussehen:

1. Tag: Ich, Marie, verzeihe mir, daß ich mit einer Heirat und Familiengründung zu lange gewartet habe.
5. Tag: Ich, Marie, verzeihe mir, daß ich es nicht geschafft habe, ein Adoptionsverfahren bis zum Ende durchzuhalten.
10. Tag: Ich, Marie, verzeihe mir, daß ich es nicht gewagt habe, eine alleinstehende Mutter zu sein.

Einen Dialog mit der Person,
die Sie beschuldigen, führen

Diese Übung ist hilfreich, gleichgültig ob Sie sich oder andere beschuldigen. Der Dialog wird von Ihnen allein geführt, Sie sprechen für beide Parteien. Sie können es schriftlich tun oder laut zu sich selbst sprechen (im Kopf geführte Dialoge haben nicht dieselbe Wirkung). Bei einem laut gesprochenen Dialog finden es manche hilfreich, zwei Stühle zu nehmen und je nach der Rolle, die gerade übernommen wird, den Platz zu wechseln. Nachstehend finden Sie zwei Beispiele in komprimierter Form für einen solchen Dialog.

Kritisches Ich: Ich bin ja so was von blöd. Ich hätte Toms Sterilisation nie zustimmen dürfen. Jetzt habe ich mich selbst um ein Kind betrogen. Ich verzeihe mir (ihm) das nie.

Verzeihendes Ich: Du hattest deine Gründe.

Kritisches Ich: Tom wollte keine weiteren Kinder haben. Er war in dieser Frage unerbittlich. Wenn ich nicht nachgegeben hätte, hätte ich ihn verloren. Dabei liebe ich ihn doch.

Verzeihendes Ich: Was für eine schwierige Entscheidung! Es tut mir ja so leid, daß du vor so einer schwierigen Entscheidung gestanden warst.

Kritisches Ich: Mir tut es auch leid.

Verzeihendes Ich: Ich verzeihe dir dein Verhalten. Du hast nicht gewinnen können, wie du dich auch entschieden hättest. Ich wünschte mir, du wärest nicht so hart mit dir selbst. Du bist kein schlechter Mensch. Du hast getan, was du für richtig gehalten hast.

Kritisches Ich: Nein, ich bin kein schlechter Mensch, genausowenig wie Tom. Ich verstehe auch seinen Standpunkt. Das Leben ist einfach verdammt schwierig.

Du: Weißt du, Tom, daß ich dich manchmal fast hasse, weil du darauf bestanden hast, dich sterilisieren zu lassen? Du hast mich um ein Kind betrogen. Es gibt Momente, wo ich mich frage, ob du mich wirklich liebst.

Tom: Aber sicher liebe ich dich. Ich habe nicht gewußt, daß es so schwer für dich ist. Warum hast du mir das nicht gesagt?

Du: Weil ich es auch nicht gewußt habe. Du warst in der Frage so unerbittlich, und ich hatte Angst, dich zu verlieren.

Tom: Und ich hatte Angst, daß Kinder eine zu große Belastung für uns wären.

Du: Für uns oder für dich?

Tom: Okay, wenn ich ehrlich bin, für mich. Ich habe eine Familie gehabt, und es hat nicht viel Spaß gemacht. Ich konnte die Zeit kaum erwarten, wo ich wieder so leben durfte, wie ich wollte. Und dann habe ich dich getroffen, und mir wurde klar, daß du dieses neue Leben mit mir teilen solltest. Wir können zusammen ein schönes Leben haben, da bin ich mir ganz sicher, und du wolltest das doch auch einmal.

Du: Ich will es immer noch. Dennoch bin ich traurig, weil ich kein Kind bekommen kann. Ich möchte, daß du das verstehst und mich tröstest.

Tom: Ich verstehe deine Traurigkeit. Ich liebe dich sehr und ich möchte, daß du glücklich bist. Es tut mir wirklich leid, daß du so sehr darunter leidest.

»Ich komme davon nicht los ...«

Wenn Sie unversöhnlich an Ihren Beschuldigungen festhalten, kann die schriftliche Übung »Ich komme davon nicht los« nützlich sein. Immer wenn ich festgefahren bin, greife ich auf diese Übung zurück. Ich erkenne dann besser, welche inneren Kräfte mich in der Sackgasse festhalten. Diese Übung hat etwas mit Schritt Nr. 2 und den Dingen, die Sie über sich selbst gelernt haben, zu tun.

Beginnen Sie einen Satz mit »Ich komme von meinen Beschuldigungen nicht los, weil ...«, und schreiben Sie dann, ohne zu unterbrechen oder zu überlegen, zehn Dinge, die Ihnen in den Sinn kommen.

Symbolische Verbrennung

Mein Mann und ich haben einen Freund, der sich mit seinem Männerclub einmal im Jahr zu einem zweiwöchigen Campingaufenthalt trifft. Ihr Lager befindet sich in einem schönen Waldgebiet im nördlichen Kalifornien. Gleich zu Beginn des Aufenthalts macht jeder Teilnehmer eine Liste, in die er alle Dinge einträgt, die ihn belasten. Da heißt es dann zum Beispiel: Ich mache mir Sorgen, weil die Geschäfte schlechtgehen; ich mache mir Sorgen, weil mein Sohn aus dem College ausgestiegen ist; ich mache mir Sorgen wegen meiner Schmerzen in der Brust ...

Sobald die Listen vollständig sind, findet die »Sorgenverbrennung« statt, eine Zeremonie, bei der alle Listen verbrannt werden. Die Sorgen sind nun symbolisch vernichtet und die Männer symbolisch von ihnen befreit.

Versuchen Sie einmal, dasselbe mit Ihren Beschuldigungen zu machen. Erstellen Sie eine Liste, in die Sie alles eintragen, was Sie oder andere falsch gemacht haben im Hinblick auf Ihre Kinderlosigkeit. Zum Beispiel: »Ich werfe meinen Eltern vor, mich in meiner High-School-Zeit zu einer Abtreibung überredet zu haben. Ich werfe mir vor, mich damit einverstanden erklärt zu haben, obwohl ich es eigentlich nicht wollte. Ich gebe mir die Schuld, daß ich nicht wieder schwanger werden konnte. Ich mache meinem Mann Vorwürfe, weil er einer Adoption nicht zugestimmt hat.« Lesen Sie die Liste nun noch einmal durch und überprüfen Sie, ob Sie nichts vergessen haben. Sie können sie auch noch einige Tage aufbewahren – doch dann nehmen Sie die Liste und werfen sie ins Feuer.

Wenn wir uns oder andere beschuldigen, setzen wir voraus, daß der Weg, den wir nicht genommen haben, der bessere gewesen wäre. Das mag vielleicht stimmen, aber niemand kann voraussagen, wie Ihr Leben verlaufen wäre, wenn Sie oder jemand anderer eine andere Entscheidung getroffen hätte. Höchstwahrscheinlich wäre Ihr Leben nicht so harmonisch verlaufen, wie Sie sich dies in Ihrer Phantasie ausmalen. Sie hätten sich eben mit anderen Problemen auseinandersetzen müssen.

Hören Sie mit den Schuldzuweisungen auf, sonst wird dies Ihr Leben vergiften. Erinnern Sie sich an das oft zitierte (und hier abgeänderte) Sprichwort: Beschuldigen ist menschlich, Verzeihen ist göttlich.

»Es wäre über meine Kräfte gegangen«

Die Geschichte von Gayle:
Gayle erlebte keine unbeschwerte Kindheit und Jugend. Ihre Mutter mußte wiederholt wegen Depressionen im Krankenhaus behandelt werden, und auch Gayle kämpfte ihr Leben lang gegen Depressionen an. Sie heiratete mit dreiundzwanzig Jahren. Heute besitzen und betreiben sie und ihr Mann ein gutgehendes Reisebüro. Beide wünschten sich eine Familie, aber Gayle zögerte es immer hinaus, nie hielt sie den Zeitpunkt für geeignet. Erst als sie die Vierzig erreicht hatte, wurde ihr klar,

daß ihr nur noch sehr wenig Zeit blieb, und sie setzte die Verhütungsmittel ab. Kurz darauf wurde sie schwanger.

»Als Kind bin ich ständig gehänselt worden und wußte nie, wie ich darauf reagieren sollte. Ich war gehemmt, linkisch, unglücklich und eigensinnig. Meine Familie war weder arm noch reich. Ich erinnere mich, daß meine Mutter mir einmal sagte, wir würden aus ärmlichen Verhältnissen stammen. Sie hat mich nie gelobt, immer nur kritisiert. Mein Vater war sehr unnahbar. Mir wurde sozusagen ein Minderwertigkeitskomplex anerzogen.

Mein Mann wollte schon bald nach unserer Hochzeit mit der Familiengründung beginnen, aber ich war dazu noch nicht bereit. Das Leben als Hausfrau langweilte mich, und ich wollte nicht wie meine Mutter mein ganzes Leben nur zu Hause sein. Also haben wir gewartet. Dann kam unsere Geschäftsgründung. Von da an schien es nie mehr einen geeigneten Zeitpunkt zu geben. Erst als ich Anfang Vierzig war, wurde mir klar: Jetzt oder nie.

Mein Mann war für einen Monat im Ausland, als ich erfuhr, daß ich schwanger war. Obwohl ich es ja eigentlich gewollt hatte, jagte mir die Nachricht Angst und Schrecken ein. Es ist für mich schwer zu erklären, warum ich so reagierte, es war völlig irrational. Ich befürchtete, das Kind könnte nicht normal sein. Ich sah mich schon bei der Geburt sterben, und sollte ich überleben, war ich überzeugt, der Sache nicht gewachsen zu sein. Später habe ich erfahren, daß in der Schwangerschaft Veränderungen des Hormonhaushalts stattfinden. Vielleicht war das der Grund, warum ich so in Panik geraten war. Ich kann es nicht sagen. Ich weiß nur, daß ich an nichts anderes mehr denken konnte als an eine Abtreibung.

Ich brachte es nicht über mich, mit meinem Mann am Telefon über die Schwangerschaft und meine Reaktion darauf zu reden. Der von mir aufgesuchte Psychiater war überhaupt keine Hilfe. Ich müßte das selbst entscheiden, war mehr oder weniger seine

Meinung. Ich habe dann eine Abtreibung durchführen lassen und bereute es von dem Moment an, wo ich mich von der Klinik nach Hause schleppte. Ich fiel in eine tiefe Depression. Ich war zu nichts mehr fähig. Seit dieser Zeit mache ich mir schwere Vorwürfe. Ich fühle mich schuldig. Erst Jahre später habe ich es meinem Mann erzählt. Er hat mir verziehen, aber er war enttäuscht. Das ist für mich das Schlimmste an der Sache. Ich bin schuld, daß mein Mann die Kinder, die er sich wünschte, nicht bekommen hat.«

Bei meinem Gespräch mit Gayle lag ihre Abtreibung vier Jahre zurück. Ich erklärte ihr, daß Menschen manchmal gute Gründe für ihr Verhalten haben, lebensnotwendige Gründe, deren sie sich nicht bewußt sind. Ich fragte Gayle, was wohl ihre Gründe gewesen sein könnten. Ihre Antwort lautete: »Ich glaube, ich wäre überfordert gewesen. Es wäre wahrscheinlich über meine Kräfte gegangen, für jemand anderen zu sorgen. Ich war völlig damit beschäftigt, selbst über die Runden zu kommen.«

Betrachtet man die Familiengeschichte von Gayle, sieht man, daß sie vermutlich recht hat. Keines ihrer Geschwister ist glücklich verheiratet, keines erfolgreich im Beruf, und keines hat Kinder. Gayle hingegen ist glücklich verheiratet und erfolgreich im Beruf. Damit hat sie viel im Leben erreicht. Vielleicht hat sie intuitiv gewußt, was gut und richtig für sie war.

»So bin ich nun einmal«

Die Geschichte von Dorothy:
Dorothy hatte in ihrer Jugend und ihrem jungen Erwachsenen-leben immer nur Freundinnen. Jungens und Männern gegen-über war sie sehr schüchtern und bekam deshalb auch wenig Kontakt zu ihnen. Eine wirklich enge Beziehung zu einem Mann hat sie nie gehabt. Mit zweiundvierzig Jahren wurde sie Opfer

eines Verkehrsunfalls. Die Folgen zwangen sie, ihren Beruf als Kinderkrankenschwester aufzugeben. Sie lebt jetzt bei ihren Eltern in ihrer kleinen Heimatgemeinde in Oklahoma.

»Ich wollte immer heiraten und Kinder bekommen. Als ich noch als Kinderkrankenschwester arbeitete, hat es mir immer schier das Herz gebrochen, wenn ich Kinder zu pflegen hatte, die von ihren Eltern körperlich und seelisch mißhandelt worden waren. Wie gerne hätte ich eigene Kinder gehabt oder wenigstens diese Kinder zu mir nach Hause genommen, um sie so aufzuziehen, wie sie es gebraucht hätten. Ich wäre bestimmt eine gute Mutter gewesen. Doch dann geschah der Unfall, und andere Dinge wurden für mich wichtig. Ich wollte wieder gehen lernen, wieder gesund werden.

Es hat mich mehr gestört, als ich noch jünger war. Aber ich habe deswegen nie geweint. Ich habe auch nie mit jemandem darüber gesprochen. Es war mehr eine stille Trauer. Dann und wann schmerzt mich meine Kinderlosigkeit immer noch. Das hält aber nicht lange an, es ist mehr eine rasch vergessene Traurigkeit. Es gibt eine Zeit im Leben, wo man Kinder bekommt, doch irgendwann wird einem klar, daß diese Zeit vorbei ist.

Manchmal habe ich auch gedacht: Könnte ich mein Leben noch einmal von vorn beginnen, würde ich mich in meinen jungen Jahren mehr bemühen, Männer kennenzulernen. Doch wenn ich ganz ehrlich bin, würde ich wahrscheinlich nichts anders machen. So bin ich nun einmal. Ich akzeptiere inzwischen, daß ich mein Leben gestaltet habe, und ich mache mir keine Vorwürfe, daß ich so bin, wie ich bin.

Meine Kusine sagte einmal zu mir: ›Warum bemühst du dich nicht ernsthafter. Ich bin überzeugt, du könntest heiraten, wenn du wolltest.‹ Ich habe es ja gewollt, aber es hat sich eben nicht ergeben. Ich sehe mich als normal an, aber wenn ich neue Bekanntschaften mache und die finden heraus, daß ich nicht verheiratet bin und bei meinen Eltern lebe, spüre ich, wie sie denken ›Was für eine seltsame Frau‹. Sogar aus Bemerkungen der Kirchengemeindemitglieder höre ich heraus, daß sie mich für nicht normal halten. Das ist mir aber egal. Ich bin vielleicht anders, aber anders zu sein heißt noch nicht, schlecht zu sein.

Meine Schwester hat eine dreijährige Tochter, und wir beide lieben uns. Sie ist nun in einem Alter, wo sie die Leute einzuordnen beginnt. Kürzlich sagte sie zu mir: ›Mami ist eine Mutter, Omi ist eine Mutter, und du bist eine Mutter.‹ Daraufhin sagte ich: ›Ich bin keine Mutter. Ich bin deine Tante.‹ Sie sah ganz betreten aus, deshalb erklärte ich ihr, daß ich keine Kinder habe. ›Doch, mich‹, meinte sie. Ich war richtig gerührt. Ich sagte mir: Mein Leben ist doch schön. Ich kann mit Kindern zusammensein und von ihnen geliebt werden.«

Dorothy versteht und akzeptiert sich selbst. Das ist etwas sehr Anerkennenswertes. Sie weiß, ihr Leben hätte mehr ihren Wünschen entsprochen, wenn sie in jüngeren Jahren einen Mann kennen- und liebengelernt und geheiratet hätte. Aber sie gesteht freimütig: »Ich bin die, die ich bin.« Wir können dem nur zustimmen, denn auch wir sind so, wie wir sind. Wenn wir unser früheres Leben noch einmal durchleben könnten, würden wir dieselben Dinge wieder tun, weil wir mit denselben Bedürfnissen, denselben Hemmungen und denselben Situationen wie damals konfrontiert wären.

Schritt Nr. 5
Hilfe im Gespräch suchen

»Ein Mann ist keine Insel, ganz für sich allein«, schrieb im Jahre 1624 John Donne. Was er hier von Männern behauptet, gilt genauso für Frauen. Eine Stärke der Frau ist ihr Bedürfnis nach Kontakten zu anderen Menschen. Unser ganzes Leben hindurch suchen wir bei anderen Verständnis, Hilfe, Rat und Perspektiven. Die uns wichtigen menschlichen Beziehungen helfen uns, den Anforderungen unseres täglichen Lebens gerecht zu werden, und Krisen, die uns gelegentlich aus dem Gleichgewicht werfen, besser zu überstehen. Wenn unser Wunsch, ein Kind zu bekommen und Mutter zu werden, nicht in Erfüllung geht, brauchen wir die Hilfe anderer Menschen, gleichgültig, ob es sich dabei um eine mittlere Enttäuschung oder um eine Tragödie handelt. Jeder Kummer, jedes Leid, kann leichter ertragen werden, wenn wir wissen, daß andere uns verstehen und mit uns fühlen.

Doch wir brauchen nicht nur Verständnis und Hilfe, sondern auch die Perspektiven, die andere uns geben können. Wenn alle unsere Gedanken und Gefühle sich nur noch nach innen richten, verlieren wir jegliche Perspektive. Wir drehen uns im Kreis, erkennen keine Lösungen, kommen auf keine neuen Gedanken. Sobald wir Gedanken und Gefühle aus uns herauslassen, weitet sich unser Horizont, und der ständige Kreislauf der Gedanken wird unterbrochen. Der Rat, die Ermunterung und das Wissen anderer werfen ein neues Licht auf unsere Situation und zeigen uns neue Perspektiven.

Manchmal ist das, was wir uns selbst sagen hören, noch hilfreicher als das, was andere uns sagen. Denn wenn wir zu anderen sprechen, klären sich oft unsere Gedanken und Gefühle. Mir ist zum Beispiel schon öfter in einer Situation erst dann klargeworden, was ich zu tun hatte, als ich mich zu jemand anderem darüber sprechen hörte.

Manche Menschen reagieren auf persönliches Leid, indem sie sich in ihr Schneckenhaus zurückziehen. So abgeschottet hoffen sie, vor weiteren Verletzungen geschützt zu sein. Frauen, die auf diese Weise auf ihre Kinderlosigkeit reagieren, entgehen dadurch viele Freuden des Lebens. Wie Anita, von der wir bereits gehört haben, meiden sie Familienfeste, Partys, Betriebsfeiern oder sonstige Anlässe, wo über Kinder gesprochen werden könnte oder Kinder anwesend sind. Dabei sind es gerade diese Begegnungen, die ihr Leid letztendlich lindern könnten.

Nach jedem großen Verlust fällt es schwer, sofort wieder am Leben teilzunehmen, Kontakte aufrechtzuerhalten, bei gesellschaftlichen Anlässen anwesend zu sein. Doch, wie gesagt, gerade diese Dinge sind ein gutes Mittel bei der Überwindung von Verlusten.

Von der Schwierigkeit, sich anderen gegenüber zu öffnen

Von Ausnahmen abgesehen, teilen die meisten kinderlosen Frauen ihre Gefühle von Trauer, Enttäuschung und Verlust nicht mit anderen. Während meiner Recherchen für dieses Buch war ich immer wieder erstaunt, wie wenig Frauen mit anderen über dieses Thema gesprochen haben. Immer und immer wieder wurde mir gesagt: »Außer mit Ihnen habe ich noch nie mit jemanden über meine Gefühle gesprochen.« Frauen reden mit ihren Schwestern, Freundinnen und Müttern über Eheprobleme, traumatische Kindheitserlebnisse oder Enttäuschungen im Beruf, nicht aber über ihre Kinderlosigkeit. Ich habe zwei Frauen interviewt, beide waren eng miteinander befreundet, beide hatten sich Kinder gewünscht, beide sprachen mit mir sehr offen über ihre Erfahrungen und Gefühle, doch keine von beiden hatte der anderen je wirklich gesagt, was Kinderlosigkeit für sie bedeutet.

Wenn Frauen mit anderen über dieses Thema sprechen, geht es meist über eine oberflächliche Unterhaltung nicht hinaus – die Frauen sagen dann zwar, daß sie gern ein Kind gehabt hätten, lassen aber das wahre Ausmaß ihrer Enttäuschung nicht erkennen. Das ist auch der Grund, warum die meisten Menschen keine Ahnung haben, wie viele Frauen sich nach Kindern sehnen und wie sehr sie unter der Nichterfüllung ihres Kinderwunsches leiden. *Im allgemeinen kann man sagen: Frauen behalten diese Enttäuschung in ihrem Leben für sich.*

Warum Frauen sich nicht mitteilen

Der Hauptgrund, warum wir kinderlosen Frauen unsere diesbezüglichen Gefühle nicht mitteilen, ist, meiner Meinung nach, unsere Verwundbarkeit auf diesem Gebiet. Zwei Ursachen sind dafür ausschlaggebend. Wie wir bei Schritt Nr. 2 gesehen haben, steht das Kind, das wir uns wünschten, oft symbolisch für unser »inneres Kind«. Wenn wir über unsere Kinderlosigkeit sprechen, sprechen wir auch über unser »inneres Kind«, den empfindlichsten Teil unserer selbst, und stellen es damit bloß. Je verletzlicher das »innere Kind« ist, desto kränkender waren die Erfahrungen der Frau, und desto stärker ist ihr Schutzbedürfnis. Wenn sie nicht spricht, stumm bleibt, beschützt sie damit ihr »inneres Kind«. Sie begibt sich nicht in Gefahr.

Die andere Ursache für unsere Verwundbarkeit auf diesem Gebiet ist die Verflechtung von Mutterschaft und weiblicher Identität. Wenn wir das Gefühl haben, wegen unserer Kinderlosigkeit keine »richtigen« Frauen oder anderen Frauen unterlegen zu sein, werden wir es möglichst vermeiden, über unsere Unzulänglichkeit und unsere Minderwertigkeit zu sprechen. Wenn wir ehrlich bekennen würden, was Mutterschaft uns bedeutet, käme uns dies vor, als ob wir unser Inneres zur Begutachtung und Sezierung freigegeben hätten. Das Thema ist für uns so heikel, daß wir befürchten, unsere Fassung zu verlieren und in Tränen auszubrechen, käme es zur Sprache. Und wer macht sich schon gern lächerlich?

Gesellschaftliche Gesichtspunkte spielen ebenfalls eine Rolle. Frauen reden nicht gern darüber, weil sie eine gesellschaftliche Abwertung befürchten. Da im allgemeinen erwartet wird, daß eine Frau heiratet und Kinder bekommt, werden Frauen mit Kindern von manchen Menschen mehr respektiert als Frauen

ohne Kinder, genauso wie eine verheiratete Frau bei ihnen einen
höheren Status genießt als eine ledige Frau. Bei einigen Frauen
ist es auch eine Frage des Stolzes; sie wollen nicht bemitleidet
werden. Lieber den Mitmenschen mutig die Stirn bieten und
seine Gefühle für sich behalten, als hinter sich flüstern zu hören:
»Die arme Mary, sie konnte keine Kinder kriegen.«

Manchmal halten Frauen sich auch zurück, weil sie anderen ihre
Freude nicht beeinträchtigen wollen. Wenn Sie eine Freundin,
Schwester oder Nachbarin haben, die mit Leib und Seele Mutter
ist, wollen Sie ihr nicht mit Ihrem Kummer zur Last fallen. Sie
möchten nicht, daß sie ihre Spontaneität im Umgang mit Ihnen
verliert, daß sie ein schlechtes Gewissen bekommt, wenn sie
über ihre Kinder spricht. Die Beziehung wird leiden, wenn sie
sich bei allem, was sie sagt, erst überlegen muß, ob sie das sagen
darf oder ob Sie das nicht vielleicht verletzen könnte.

Andere können uns nicht verstehen

Frauen vertrauen sich anderen auch nicht an, weil sie befürchten, diese könnten ihre Gefühle nicht verstehen. So ist es
allerdings auch oft. Viele Frauen erzählten mir, daß sie von sonst
durchaus feinfühligen Leuten taktlose Bemerkungen zu hören
bekamen. So versuchte eine Frau mit ihrer besten Freundin,
einer ledigen Frau ohne Kinder, über ihren Kummer zu sprechen. Alles, was sie ihr daraufhin erwiderte, war: »Es kann eben
nicht jede Mutter werden.« Frauen, die Mütter sind, einschließlich der Mütter der kinderlosen Frauen, geben gern als Antwort:
»Sei froh, daß du keine Kinder hast. Du weißt gar nicht, was dir
alles erspart geblieben ist.« Sie glauben vielleicht, es wäre
tröstlich, wenn sie auf die Schwierigkeiten der Kindererziehung
hinweisen, doch für kinderlose Frauen ist das lässige Abhandeln
dieses Themas eher kränkend. Sie wissen genau, daß die Frauen
ihre Kinder heiß und innig lieben, auch wenn sie sie manchmal
zur Verzweiflung treiben.

Wenn kinderlose Frauen über ihre Gefühle sprechen, möchten sie, daß man diese ernst nimmt. Antworten wie: »Das muß schwer für dich sein«, »Ich fühle mit dir«, »Es tut mir leid, daß du so traurig bist«, »Ich bin froh, daß du mit mir über deine Gefühle gesprochen hast« zeigen, daß die Gesprächspartnerinnen zugehört haben und Mitgefühl zeigen. Frauen, die ihren Kummer und Schmerz anderen mitteilen, erwarten keine Heilung ihres seelischen Befindens, und sie erwarten auch keine aufmunternden Worte. Sie wollen und brauchen, daß die ins Vertrauen Gezogenen ihnen zuhören und Einfühlungsvermögen zeigen.

Die Reaktion der anderen

Wie objektiv oder emotional Menschen auf eine Situation reagieren, hängt von zwei Faktoren ab. Einmal ist es die persönliche Betroffenheit. Die meisten Menschen können objektiv über ein sie nur entfernt berührendes Thema diskutieren, wie zum Beispiel eine Abänderung der nationalen Gesetzgebung zur Finanzierung neuer Straßen in den einzelnen Staaten. Handelt es sich jedoch um etwas, das sie direkt betrifft, wie die Aufstellung neuer Parkuhren in ihrem Städtchen, fällt es ihnen bereits schwerer, objektiv zu bleiben. Zum anderen hängt die Reaktion der Menschen auf eine Situation davon ab, ob ihnen Nahestehende davon betroffen sind. Wenn wir niemanden persönlich kennen, der geistig behindert ist, werden wir objektiv über eine Kostenreduzierung bei den Leistungen für diese Menschen diskutieren. Haben wir jedoch eine Schwester, der es durch diese Leistungskürzung nicht mehr möglich sein wird, eine betreuende Einrichtung aufzusuchen, die ihr Lebensinhalt ist, werden wir sicherlich emotionaler diskutieren.

Da Ihre Kinderlosigkeit etwas ist, was Ihre Angehörigen persönlich betrifft, sollten Sie nicht überrascht sein, wenn diese nicht immer so reagieren, wie Sie es gerne hätten.

Sie dürfen nicht vergessen, daß Ihre Kinderlosigkeit bei Ihnen ebenfalls Gefühle der Trauer, Enttäuschung und Schuld ausgelöst hat und Sie deshalb möglicherweise mit Ihrem eigenen Kummer beschäftigt sind. So kämpft ein Partner, der sich ein Baby wünscht, vielleicht gegen seine Enttäuschung an, weil es kein Kind geben wird. Oder ein Partner, der sich für Ihr Glück verantwortlich fühlt, leidet vielleicht unter Ihrem Kummer. Eltern empfinden oft ein unendliches Mitgefühl für ihre Töchter. Gerade weil Sie für Ihre Eltern etwas Besonderes sind, hätten sie gern ein Enkelkind von Ihnen gehabt, obwohl sie bereits Enkelkinder haben.

Je intensiver die Gefühle und Reaktionen der anderen sind, desto schwieriger ist es für Sie, Ihren eigenen Bedürfnissen zu entsprechen. Partner, Eltern und Ihnen sonst nahestehende Menschen sind oft voller Mitgefühl, aber sie können es nicht ausdrücken oder sagen etwas Falsches. Dies kommt daher, daß sie mit ihren eigenen Gefühlen zu kämpfen haben oder nicht wissen, wie sie reagieren sollen.

Sie haben Ihre Sehnsucht nach einem Kind den Ihnen nahestehenden Menschen anvertraut. Diese haben Sie begleitet während der Jahre dauernden Unfruchtbarkeitsbehandlung oder der Fehlgeburten oder den Versuchen, ein Kind zu adoptieren. Wenn Sie dann sagen: »Es reicht, ich will nicht mehr«, kann es sein, daß Ihre Verbündeten Sie drängen, noch nicht aufzugeben. Sie wollen unbedingt, daß Sie das gewünschte Kind auch bekommen. Es fällt ihnen schwerer als Ihnen, der eigentlich Betroffenen, einen Schlußstrich zu ziehen. Mehrere Frauen erwähnten mir gegenüber dieses Problem. Als eine Frau zwei guten Freundinnen anvertraute, daß ihr Mann sich gegen die als letzte Möglichkeit verbleibende künstliche Befruchtung durch einen fremden Samenspender wehre und sie sich entschlossen habe, deswegen nicht ihre Ehe aufs Spiel zu setzen, redeten die Freundinnen auf sie ein, ihrem Mann nicht nachzugeben, da sie doch ein Anrecht auf ein Kind hätte. Eine andere Frau, verheiratet mit einem Mann, der Kinder im Teenageralter mit in die Ehe brachte, machte die Erfahrung, daß ihr Mann ihren Entschluß, nach Jahren der erfolglosen Unfruchtbarkeitsbehandlung aufzugeben, nicht mittragen konnte. Er hatte ihren Traum, ein Kind zu bekommen, so sehr mitgeträumt, daß er sie nun drängte, doch noch dieses und jenes zu versuchen. Sie dagegen war bereit, sich mit ihrer Kinderlosigkeit abzufinden und den Blick wieder nach vorn zu richten.

Die anderen haben manchmal keine Ahnung, warum eine Frau keine Kinder hat. Ältere Brüder, wohlmeinende Tanten und Onkels oder die Eltern reden ihr zu, doch eine Familie zu gründen, und preisen ihr gegenüber die Freuden der Mutterschaft. »Du solltest Kinder bekommen«, bestürmen sie sie und haben keine Ahnung, in welches Wespennest sie mit dieser Bemerkung treten. Sie wollen helfen, indem sie schildern, wie schön es ist, Kinder zu haben. Es ist ihnen dabei nicht bewußt, daß sie eine bereits Konvertierte bekehren wollen.

Was man bei einem Gespräch mit anderen beachten soll

Gerade weil Kinderlosigkeit so ein heikles Thema ist und weil es gefährlich sein kann, sein Herz anderen gegenüber zu öffnen, sollten Sie *vorsichtig im Aussuchen Ihrer Vertrauten sein!* Sie brauchen nicht noch mehr Kummer in Ihrem Leben, und niemand darf Ihre leicht verletzbaren Gefühle mit Füßen treten. *Tasten Sie sich erst einmal vorsichtig heran. Statt gleich Ihr Herz auszuschütten, beginnen Sie besser mit einer unpersönlichen, aber aufschlußreichen Bemerkung oder Frage.* So ist es zum Beispiel unverfänglicher, zu sagen: »Bei einer meiner Nachbarinnen hat sich herausgestellt, daß sie keine Kinder bekommen kann«, als »Ich bin so unendlich traurig, weil ich keine Kinder bekommen kann«. Je nach der Art der Antwort können

Sie dann entscheiden, ob Sie sich Ihrer Gesprächspartnerin
anvertrauen wollen oder nicht.

*Hilfreich ist auch die Methode, den anderen zu sagen, was
man von ihnen möchte.* Ein Dialog hat immer eine größere
Chance, erfolgreich zu sein, wenn beide Gesprächspartner
wissen, was der andere sich von dem Gespräch erhofft. Falls Sie
also wissen, was Sie brauchen – Verständnis, Techniken zur
Problembewältigung, Rat, Perspektiven –, dann sagen Sie es.
Sagen Sie zum Beispiel: »Ich brauche eine Schulter, um mich
auszuweinen«, oder »Ich möchte meinen Kummer mit dir teilen
und möchte, daß du mich verstehst«, oder »Ich versuche mich
mit meiner Kinderlosigkeit abzufinden und frage mich, ob du
vielleicht bereit wärst, mir zu sagen, wie du damit fertig geworden bist«.

Diese Methode empfehle ich auch häufig Paaren, die von mir
eine Eheberatung wünschen. Dabei kommt es nicht selten vor,
daß einer der Partner (meistens die Frau) dieses Vorgehen mit
folgendem Argument kritisiert. »Es bringt mir nichts, wenn ich
darum bitten muß.« Wider besseres Wissen nehmen sie an, daß
das Kompliment »Du siehst gut aus« oder die Erklärung »Ich liebe
dich« oder was sie gern hören möchten, nicht ehrlich gemeint
ist, wenn man gebeten wird, es zu sagen. Wir alle hätten gern,
daß die Menschen, die uns viel bedeuten, immer das Richtige
zur richtigen Zeit sagen. Das ist aber leider nicht der Fall.
Menschen, die uns lieben und es gut und ehrlich mit uns meinen,
wissen oft nicht, was sie sagen oder tun sollen. Denken Sie
daran, Ihre Gesprächspartner können keine Gedanken lesen.
Sie oder er wissen nicht automatisch, was Sie brauchen. Je mehr
Anleitung Sie geben können, um so eher bekommen Sie das,
was Sie brauchen.

Wenn es in Ihrem Umfeld Menschen gibt, die Sie ständig
bedrängen oder mit neugierigen Fragen belästigen, sollten Sie
sich folgende Strategie zurechtlegen: Falls Sie bereit sind, Ihre

Gefühle mitzuteilen oder andere über Ihre Situation aufzuklären, kann Ehrlichkeit entwaffnend sein. Ihre Antwort: »Ich bin traurig, daß ich keine Kinder bekomme, und immer, wenn man auf das Thema zu sprechen kommt, wird mir ganz elend zumute«, sollte eigentlich fast jeden zum Schweigen bringen. Wenn man Einzelheiten von Ihnen erfahren möchte, sagen Sie einfach: »Weißt du, ich möchte wirklich nicht darüber sprechen.«

Wollen Sie nichts über Ihre Situation erzählen, müssen Sie den Fragestellern dies mit Bestimmtheit klarmachen. Die Gegenfrage: »Warum frägst du?« ist in einem solchen Fall immer sehr wirkungsvoll. Als Alternative funktioniert auch die Erwiderung: »Ich dachte immer, dies wäre ein sehr persönliches Thema«, wenn nötig, gefolgt von einem »Ich möchte wirklich nicht darüber sprechen«.

Einer Frau gingen die diesbezüglichen Anspielungen ihres älteren Bruders so auf die Nerven, daß sie ihn schließlich mit einem geflüsterten: »Ich hätte schon gern Kinder, aber ich habe gynäkologische Probleme« zum Schweigen brachte. Eine andere Frau bemerkte, daß ihre Mutter, wann immer sie mit ihr allein war, auf das Thema Kinder zu sprechen kam. Letzten Endes entschloß sie sich, ihrer Mutter zu sagen, daß sie wegen Unfruchtbarkeit in Behandlung ist. Daraufhin vertraute ihre Mutter ihr an, daß sie in jüngeren Jahren ähnliche Probleme gehabt hatte. Von diesem Moment an war sie ihrer Tochter eine große seelische Stütze.

Viele kinderlose Frauen fürchten sich vor der Frage: »Haben Sie Kinder?« Dabei sollten sie nicht vergessen, daß die ahnungslosen Fragesteller nicht wissen können, wie heikel dieses Thema für sie ist. Es ist eine in unserem Kulturkreis durchaus legitime Frage, um mehr über eine neue Bekanntschaft zu erfahren, und sie wird Ihnen immer wieder gestellt werden. Versuchen Sie sich eine Antwort zurechtzulegen, die die Frage für Sie und die Fragesteller entschärft. Eine der von mir interviewten Frauen

zog sich bei der Frage, ob sie Kinder hätte, immer so aus der Affäre: »Nein, aber ich habe eine sehr anspruchsvolle Katze.«
Wir kinderlosen Frauen, die Kinder bekommen wollten, leben in der wirklichen Welt und nicht in einem Vakuum. Unsere Kinderlosigkeit ist den Menschen, die uns nahestehen und die wir lieben, nicht gleichgültig. Wenn wir Wege finden, unsere Gefühle und Erfahrungen mit ihnen zu teilen, ohne daß wir dabei verletzt werden, und wenn wir sagen, was wir von ihnen brauchen, wird uns ihre Liebe, ihr Mitgefühl, ihr Wissen guttun.

»Sie meinen es ja gut«

Die Geschichte von Christiana:
Wir haben von Christiana bereits im zweiten Teil gehört, als wir ungeeignete Partner als eine Ursache für Kinderlosigkeit feststellten. Christiana ist die Frau, die sich Vorwürfe macht, weil sie »unmögliche Partner« hatte.
»Ich habe eine Schwester, die zehn Jahre älter, und einen Bruder, der dreizehn Jahre älter ist als ich. Die beiden meinten schon immer, sie wüßten am besten, was gut für mich ist. Eines Tages fingen beide an mich zu bedrängen, ich sollte doch ein Kind bekommen.
Meine Schwester schickte mir sogar Kinderbücher und Kinderkleidung und schrieb dazu: ›Du wirst es brauchen können, wenn du erst ein Baby hast.‹ Mein Bruder, der Psychiater ist und es eigentlich besser wissen müßte, rief eines Tages bei mir an und redete völlig unvermittelt auf mich ein: ›Du solltest jetzt endlich ernsthaft ans Heiraten und Kinderkriegen denken. Du bist jetzt vierunddreißig Jahre alt, und wenn du nicht bald etwas tust, wird es zu spät sein.‹ Er redete und redete und fand kein Ende. Er hatte keine Ahnung, daß er seinen Finger auf eine offene Wunde legte.

Ich murmelte dann irgend etwas und legte auf. Danach war ich fix und fertig. Gleichzeitig war ich jedoch wütend. Ich dachte daran, ihm einen geharnischten Brief zu schreiben, aber dann habe ich mich doch anders besonnen. Ich weiß, daß sie wirklich das Beste für mich wollen. Also schrieb ich an jeden der beiden einen offenen Brief, in dem ich ihnen sagte: ›Ich würde ja nichts lieber auf dieser Welt tun als heiraten und Kinder bekommen, aber es hat sich eben nicht ergeben. Ich schätze eure Besorgtheit, aber statt mich zu drängen, wünschte ich mir, ihr könntet mich verstehen. Ich bin auf diesem Gebiet sehr leicht verletzbar.‹

Meine Schwester rief mich sofort an und entschuldigte sich für ihr Verhalten. Sie war sehr mitfühlend, und wir hatten eine wirklich aufrichtige Aussprache. Seitdem hat auch mein Bruder aufgehört, mich zu drängen. Irgendwie ist er mir gegenüber jetzt auch liebevoller geworden. Wenn ich auf Besuch bin, stellen sie mich zwar immer noch Männern vor, die in Frage kämen, aber damit kann ich leben. Sie meinen es nur gut.«

Christianas Aufrichtigkeit hat sich ausgezahlt. Sie hat ihren Geschwistern erzählt, daß sie gern ein Kind gehabt hätte, und traurig ist, daß sie keines bekam. Dadurch hat sie bei Bruder und Schwester Verständnis und Mitgefühl geweckt. Sie sehen in ihr nicht länger die Karrierefrau, die auf einen Ehemann und eine Familie keinen Wert legt, und Christiana empfindet sie nicht mehr als gefühllos und lästig.

»Er sah so traurig aus«

Die Geschichte von Isabel:
Von Isabel haben wir ebenfalls im zweiten Teil unter dem Kapitel Problemschwangerschaften gehört. Sie ist die Frau, die sich nach zwei Eileiterschwangerschaften als »nicht mehr vollständig« betrachtet.

»Erstaunlicherweise versteht mein Vater am besten, was es für mich bedeutet, keine Kinder zu haben. Als er hörte, daß ich keine Kinder mehr bekommen kann – es war nach meiner zweiten Eileiterschwangerschaft –, sah er sehr traurig aus. Meine Mutter tat es eher als etwas Nebensächliches ab und meinte, ich sollte froh sein, denn Kinder könnten einem furchtbar auf die Nerven gehen. Ich wußte, daß sie es nicht so meinte, denn sie war immer gern Mutter gewesen. Sie glaubte, mir auf diese Art die Sache zu erleichtern.

Vor zwei oder drei Jahren habe ich ihnen zum ersten Mal gesagt, wie sehr ich unter meiner Kinderlosigkeit leide. Sie haben mir nicht viel darauf erwidert, aber Reden war auch noch nie ihre Stärke. Doch einige Monate später sandten sie mir zum Muttertag diese wunderschöne ›Muttertagskarte für eine Tochter‹. Sie schrieben mir darauf, was für eine gute Tochter ich immer gewesen bin und wie sehr sie mich immer lieben würden. Es hat mir wirklich die Kehle zugeschnürt. Sie gingen nicht direkt auf meinen Kummer ein, aber ich wußte, daß sie daran dachten. Sie wollten mich trösten und mir sagen, daß sie mit mir fühlen. Diese Karte hat mir viel bedeutet.«

Für Isabel war es ebenfalls von Vorteil, ihre Familie über ihre Gefühle ins Vertrauen gezogen zu haben. Ihre Eltern konnten zwar nicht mit ihr darüber reden, aber sie zeigten ihr Mitgefühl und ihre Liebe durch diese Karte.

Schritt Nr. 6
Vorhandene Hilfsangebote nutzen

Neben der Hilfe von nahestehenden Freunden und Verwandten gibt es noch eine ganze Reihe anderer Angebote. Sie müssen jedoch bereit sein, diese zu nutzen. Leider glauben manche Frauen, daß die Suche nach Hilfe von außen ein Zeichen von

Schwäche oder Unzulänglichkeit ist. Andere wiederum ziehen sich in ihrem Kummer und Leid in sich selbst zurück und sehen nicht, daß es auch andere Wege gibt, mit ihren Gefühlen umzugehen. Hüten Sie sich sowohl vor dem einen als auch vor dem anderen. Ein kluger Mensch greift nach jedem Strohhalm, den er zu fassen bekommt.

Religion

Seit Jahrhunderten finden Menschen, die einen Verlust erlitten und mit Enttäuschung zu kämpfen haben, innere Stärke und Trost in der Religion oder in der Spiritualität, wie viele es lieber ausdrücken. Selbst in unseren dunkelsten Zeiten kann Religion uns Sinn und Ordnung des Lebens wieder nahebringen und uns Perspektiven für unser zukünftiges Leben geben, die uns helfen, über unsere individuelle Situation und unsere speziellen Probleme hinauszublicken.

Religion muß für Sie nicht unbedingt die Zugehörigkeit zu einer kirchlichen Organisation bedeuten. Doch wenn Sie seit vielen Jahren keinen kirchlichen Gottesdienst besucht haben, wäre es einen Versuch wert, einmal in verschiedene Kirchen zu gehen – vielleicht wird eine Ihren Bedürfnissen gerecht. Neben anderem bringt Ihnen der Beitritt zu einer Kirchengemeinde auch ein Netz an Hilfsleistungen.

Ist organisierte Religion nicht das, was Sie möchten, erkunden Sie andere Wege zu einem geistigen Leben. Viele Menschen, die mit der Kirche negative Erfahrungen gemacht haben, verlieren mit ihrer Loslösung von der Kirche die Beziehung zu ihrem eigenen Innenleben. Ich halte dies nicht für gut. Wir alle haben eine seelische Komponente, die beachtet und gepflegt sein will. Wir sind mehr als nur physische, mentale und emotionale Wesen.

Die Kirche ist nicht der einzige Platz und Religion nicht der einzige Weg, um unsere Spiritualität zu pflegen. Wir können sie auch in weltlichen Bereichen unseres täglichen Lebens erfahren. Viele Menschen empfinden seelischen Trost beim Kommunizieren mit der Natur. Wenn sie die Schönheit und Ordnung des Universums betrachten, fühlen sie sich im Einklang mit der Welt, die sie umgibt. Ein Strandspaziergang tut meiner Seele immer gut. Die endlose Bewegung der Wellen wirkt auf mich beruhigend. Ich werde dabei an die Ewigkeit des Universums erinnert, und das wiederum läßt mich meine Probleme und Enttäuschungen im richtigen Verhältnis sehen. Eine ähnliche Wirkung haben bei mir auch Vorführungen im Planetarium. Für die Dauer einer Stunde verliere ich mich in Reisen zu fernen Sternen und Galaxien. Eine große Ehrfurcht ergreift mich vor der unermeßlichen Weite und Herrlichkeit des Firmaments. Komme ich dann nach Beendigung der Vorstellung zurück auf unseren winzigen Planeten, der nur ein Punkt unter Millionen ist, habe ich eine realistischere, tröstliche Einschätzung meiner relativen Wichtigkeit auf dieser Welt. Wir können diese friedlichen, seelischen Momente nicht willentlich herbeiführen, aber wenn sie geschehen, sollten wir sie willkommen heißen und schätzen. Unsere Umwelt liefert uns oft solche Erfahrungen, doch wie bei jeder Art von Erfahrung (z. B. neue Bekanntschaften schließen oder moderne Kunst verstehen lernen) müssen unsere Sinne offen sein für das, was geschieht.

Therapie

Eine Therapie ist eine ausgezeichnete Möglichkeit, seelisch wieder ins Gleichgewicht zu kommen und Perspektiven zu sehen. Die eindimensionale Ausrichtung einer Therapie erlaubt es Ihnen, nur an sich selbst zu denken, eine ungewöhnliche Situation für viele Frauen, die einen großen Teil ihrer Zeit und Kraft anderen widmen. Sie können sich in einer unkritischen, sicheren Umgebung ganz auf Ihre Bedürfnisse, auf die Ihnen zugefügten Wunden, kurz auf Ihr Leben konzentrieren. Eine objektive, ausgebildete Therapeutin wird Ihnen bei emotionalen Krisen beistehen, Ihnen helfen, Ereignisse in Ihrem Leben in einem anderen Licht zu sehen, und Sie ermuntern, sich neue Verhaltensweisen anzueignen.

Viele Menschen und davon besonders jene, die es nie ausprobiert haben, zweifeln an der Wirksamkeit einer Therapie. Von Ehemännern, die bei Eheproblemen ihre Frauen nur widerwillig zu einer Therapiesitzung begleiten, höre ich oft: »Menschen müssen ihre Probleme selbst lösen. Niemand kann es für sie tun.« Natürlich können Therapeuten keine Wunder bewirken, aber andererseits ist professionelle Hilfe bei jeder Art von Anstrengung von Vorteil, ob es sich nun um eine Verbesserung des Golfspiels, die Planung des Lebensabschnittes nach der Pensionierung oder das Erlernen neuer Ernährungsgewohnheiten nach einem Herzinfarkt handelt. Die Betroffenen können sich, wenn sie dazu entschlossen sind, auch selbst helfen, aber professionelle Hilfe kann den Prozeß unterstützen und leiten. Therapie ist sozusagen eine Abkürzung auf dem Weg zum Ziel.

Eine Therapie ist besonders dann zu empfehlen, wenn die Kinderlosigkeit als traumatisch erlebt wurde. Vielleicht hatten Sie beim Lesen der vorherigen Kapitel Probleme, bei denen eine Therapie hilfreich wäre, als Ihre eigenen identifiziert? Bei Schritt Nr. 1, »Den Verlust zugeben und sich der Trauer hingeben«, können Sie sich Ihren Verlust noch nicht eingestehen, weil Sie spüren, wie verwundbar Sie noch sind. Bei Schritt Nr. 2, »Den Verlust verstehen lernen«, haben Sie erkannt, daß die Gründe, warum Sie sich ein Kind gewünscht haben, zum großen Teil unterschwelliger Natur waren. So wollten Sie sich zum Beispiel für die in Ihrer Kindheit schmerzlich vermißte Mutterliebe entschädigen. Bei Schritt Nr. 3, »Den Verlust überleben«, haben Sie das Gefühl, Glück nicht zu verdienen. Bei Schritt Nr. 4, »Sich von Schuldgefühlen lösen«, haben die Übungen Ihnen nicht weitergeholfen. Sie können nicht aufhören, sich oder die anderen zu beschuldigen. Bei Schritt Nr. 5, »Hilfe im Gespräch suchen«, haben Sie festgestellt, daß Sie niemanden kennen, an den Sie sich vertrauensvoll wenden könnten.

Trifft dies auf Sie zu, sollten Sie vielleicht eine Therapie ins Auge fassen.

Suchen Sie sich eine(n) Therapeutin(en), die (der) Ihnen zusagt. Sympathie allein genügt aber nicht, sie brauchen jemanden, der mehr kann, als nur Ihre Hand zu halten. Sie brauchen eine(n) Therapeutin(en), die (der) Ihre Gefühle versteht und Ihnen gleichzeitig den Blick nach vorn öffnet. Es lohnt sich, bei der Suche sehr sorgfältig vorzugehen. Ich kenne beide Seiten einer Therapie, die der Therapeuten und die der Patienten. Ich weiß, daß Therapie eine sehr bereichernde Erfahrung sein kann, und zwar bereichernd für beide Seiten.

Viele Menschen, die sich gerne einer Therapie unterziehen möchten, tun es nicht, weil sie Angst vor den Kosten haben. Wenn Sie alles selbst zahlen, kann es tatsächlich teuer werden, aber viele Versicherungen übernehmen eine bestimmte Anzahl von Stunden. Gemeinnützige Vereine bieten teilweise einen Staffeltarif an, das heißt, die Bezahlung richtet sich nach Ihrem Einkommen. Auch viele Pastoren, Pfarrer und Rabbis haben eine psychologische Zusatzausbildung und können Sie nicht nur in religiösen, sondern auch in anderen menschlichen Fragen beraten. Ihre Dienste sind kostenlos. Wohnen Sie in der Nähe einer Fachhochschule oder Universität, in der Sozialarbeiter oder Psychologen ausgebildet werden, finden Sie vielleicht jemanden mit fortgeschrittener Ausbildung, der Ihnen einen Preisnachlaß gewährt.

Wenn Sie eine Therapie machen möchten, denken Sie also nicht gleich, Sie könnten sich das nicht leisten. Überprüfen Sie erst die Möglichkeiten, die es in Ihrer Umgebung gibt.

Vorbilder

Seit unserer Kinderzeit haben wir Menschen, die wir bewunderten, nachgeahmt. Dies kann unbewußt geschehen. Wir können uns aber auch ganz bewußt Vorbilder suchen. Viele kinderlose Frauen suchen und finden andere kinderlose Frauen, die sich ein interessantes, erfülltes Leben aufgebaut haben und die sie bewundern können.

Vorbilder können inspirierend wirken. So war eine Frau sehr von Katherine Hepburn angetan. »Ich bewundere ihren enormen Elan und ihr Selbstbewußtsein. Sie hat eine starke persönliche Ausstrahlung. Auch ohne Kinder hat sie ein interessantes, ausgefülltes Leben geführt.« Eine andere Frau erwähnte Rosa Parks. »Ich habe großen Respekt vor ihr. Sie hat den Mut aufgebracht, einem weißen Mann ihren Sitz im Bus zu verweigern. Ich wünsche mir, meinen Problemen mit derselben Furchtlosigkeit begegnen zu können, wie Rosa Parks sie gezeigt hat.« Vorbilder helfen auch, uns weniger einsam zu fühlen. Kinderlose Frauen fühlen sich oft isoliert, unverstanden und anders als die Frauen um sie herum. Wenn sie dann von Frauen lesen, denen es ähnlich erging, mildert dies ihr Gefühl der Isolation und Einsamkeit.

Andere kinderlose Frauen

Eine kinderlose Tante (ältere Kollegin, Nachbarin oder Freundin) kann ebenfalls hilfreich sein. Wie wäre es, sie einfach einmal zu fragen: »Was hat dir geholfen? Wie bist du über deine Kinderlosigkeit hinweggekommen? Was sind für dich die Vorzüge eines Lebens ohne Kinder?« Vielleicht können sie Ihnen einige konkrete Tips geben.

So fühlte sich eine Frau besser, als sie von einer Tante, die Ahnenforschung betrieben hatte, erfuhr, daß wiederholt die Hälfte der acht oder mehr Kinder einer Familie kinderlos geblieben sind. Sie folgerte daraufhin, daß ihr Problem wahrscheinlich auf Erbfaktoren zurückzuführen sei, und sie kam sich nicht mehr als Sonderfall vor. Für eine andere Frau war es tröstlich, zu erfahren, daß ihre ältere Schwester, obwohl kinderlos, mit ihrem Leben sehr zufrieden war.

Andere kinderlose Frauen können Ihnen auch sagen, wie es für Sie später sein wird. Im Alter zwischen zwanzig, dreißig und auch vierzig Jahren fragen Sie sich vielleicht, wie werde ich meine Kinderlosigkeit in zehn oder zwanzig Jahren empfinden. Sie werden von den verschiedenen Stadien erfahren, die diese Frauen selbst durchgemacht haben, und es wird Sie wahrscheinlich trösten, zu hören, daß Ihre Gefühle nicht immer so sein werden wie jetzt.

Gruppen

Ärzte und Kliniken, die Frauen mit Fruchtbarkeitsproblemen behandeln, bieten manchmal Therapiegruppen an, die im allgemeinen von einer Therapeutin geleitet werden. Frauen, die an solchen Therapiegruppen teilgenommen haben, empfanden dies als hilfreich. Die nationale Organisation RESOLVE, die im ganzen Land Niederlassungen unterhält, steht Frauen mit Fruchtbarkeitsproblemen ebenfalls offen. Das gemeinsame Leid der unfruchtbaren Paare ließ dort Gruppen entstehen, in denen Literatur, Beratung und Therapiesitzungen angeboten werden. Viele Mitglieder der Gruppe bekommen schließlich Kinder oder adoptieren sie. RESOLVE anerkennt und unterstützt aber auch die Entscheidung, kinderlos zu bleiben.

Selbsthilfegruppen, die ohne eine professionelle Beraterin arbeiten, sind ebenfalls zu empfehlen. Wenn Sie von der Existenz einer solchen Gruppe hören, warum ihr nicht beitreten? Im vierten Teil dieses Buches zeige ich Wege, wie Sie selbst eine solche Gruppe gründen und organisieren können.

Tage der Besinnung, Kurse und Seminare

Volkshochschulen und auch die Kirche bieten oftmals Programme an, die Ihnen helfen sollen, kritische Lebenssituationen zu meistern und an ihnen zu wachsen. Auch wenn sich diese Programme nicht direkt auf Kinderlosigkeit beziehen, können sie trotzdem hilfreich sein. In Ihrer Situation empfehlen sich besonders Programme, die sich mit »Verlust« befassen. Der Verlust kann zwar für jeden anders aussehen – da ist zum Beispiel der Verlust durch körperliche Veränderungen wie bei Brustkrebs oder der Verlust einer geliebten Person durch Tod oder Scheidung – doch *die Erfahrung und die Überwindung* von Verlust ähneln sich bei allen. Die Teilnehmer können sich einander also mitteilen, und jeder kann vom anderen lernen. In Kursen und Seminaren, die sich mit der Traumdeutung befassen, können Sie Ihr Unterbewußtsein erforschen; Sie erfahren dabei von neuen Möglichkeiten in Ihrem Leben, von denen Sie sozusagen träumen. Empfehlenswert sind auch Kurse und Seminare, die sich mit dem Erkennen und Befolgen von neuen Lebenszielen befassen. Sie lernen in ihnen, sich auf mögliche Ziele zu konzentrieren und praktische Schritte zu planen, wie diese Ziele erreicht werden können. Kurse in Meditation helfen Ihnen, Ihre geheimen inneren Kräfte aufzuspüren.

Bücher

Wenn Sie, so wie ich, gerne lesen, wenn Bücher ein wichtiger Bestandteil Ihres Lebens sind, sind Sie vielleicht daran interessiert, die im Literaturverzeichnis aufgeführten Bücher zu lesen. Ich habe diese Bücher als hilfreich empfunden. Wenn Sie die Bücher weder im Buchhandel noch in der Bibliothek finden, fragen Sie die Bibliothekarin, ob sie Ihnen die Bücher besorgen kann.

Es gibt sicherlich noch mehr Hilfsangebote. Ich habe lediglich diejenigen genannt, die für fast jeden leicht zugänglich sind.

Wenn Sie das Gefühl haben, daß Ihre Gedanken, ja Ihr ganzes Leben sich ständig im Kreis dreht, ist es Zeit, aus diesem Zustand auszubrechen. Die meisten kinderlosen Frauen suchen Hilfe, wenn sie sich entschlossen haben, ihrem Leid den Rücken zu kehren und den Blick im Leben wieder nach vorn zu richten. Sie suchen sich Hilfsangebote aus, die ihren Bedürfnissen und ihrer Persönlichkeit entsprechen.

»Aus den Tiefen der Hölle aufsteigen«

Die Geschichte von Maria:
Maria stammt aus El Paso. Sie wuchs in einer großen Familie auf, in der jeder machen konnte, was er wollte, und jeder nur an sich selbst dachte. Sie heiratete im Alter von dreiundzwanzig Jahren. Fünf Jahre später erfuhr sie, daß sie unfruchtbar ist und keine Kinder bekommen kann. Eine tiefe Depression war die Folge. Sie stürzte sich in eine Affäre, an der ihre Ehe fast zerbrach. Sie begann zu trinken und hatte einen Autounfall, der sie beinahe das Leben kostete. Maria war in ihrer Jugend religiös, hatte sich dann aber von ihrer Kirche abgewandt.
»Ich habe schon schlimme Zeiten erlebt, aber die schlimmste Zeit meines Lebens war ohne Zweifel die, als ich den Autounfall hatte und als mein Mann herausfand, daß ich ihm untreu war. Ich dachte damals wirklich, jetzt ist alles aus, doch dann kam Gott in mein Leben, rettete mich und wies mir einen neuen Weg. Meinem Mann wurde eine Stelle in einem anderen Staat angeboten, wir entschlossen uns, umzuziehen und einen neuen Anfang zu machen.
Wir fingen an in die Kirche zu gehen. Wir hatten Glück, denn die Kirchengemeinde, der wir beitraten, nahm uns mit offenen Armen auf. Wir trafen dort warmherzige und hilfsbereite Menschen. Der Pfarrer ist sehr verständnisvoll. Mit seiner Hilfe habe

ich erkannt, daß Gott mir die schrecklichen Dinge, die ich getan habe, verziehen hat. Mein Mann hat mir auch verziehen, und schließlich habe ich mir sogar selbst verzeihen können.

Ich weiß jetzt auch, daß es Gottes Wille ist, ob wir Kinder bekommen oder nicht. Ein Leben mit Kindern bringt Freude und Leid, und ein Leben ohne Kinder bringt wieder andere Freuden und anderes Leid. Gott beschert jedem von uns seine eigenen Fähigkeiten und Stärken. Wer keine Kinder hat, muß sich eben etwas mehr anstrengen, um herauszufinden, welche diese sind.

Meine Nähe zu Gott hat meinem Leben einen neuen Sinn gegeben. Ich akzeptiere mein Leben nun so, wie es ist, und bin dankbar für alles Gute. Mein Glaube hat mir wieder Mut und Zuversicht gegeben. Gott hat mir geholfen, aus den Tiefen der Hölle aufzusteigen – einer Hölle, die ich mir selbst geschaffen habe. Ich kann gar nicht sagen, wieviel es mir bedeutet, zu wissen, daß es einen Gott gibt, der mich liebt, einen Gott, der alles in der Welt lenkt.«

Maria hat zu der Kirche ihrer Kindheit zurückgefunden und dadurch ihren Frieden wiedererlangt. Sie hatte das Glück, auf Anhieb eine Kirchengemeinde und einen Pfarrer zu finden, die sie herzlich aufgenommen haben. Ihre Glaube hat ihr geholfen, sich Dinge zu verzeihen, von denen sie gerne hätte, daß sie nie geschehen wären, und ihr Glaube gibt ihr auch die Stärke, ihre Kinderlosigkeit zu akzeptieren.

»Ich habe Vorbilder gesucht«

Die Geschichte von Sarah:
Sarah, achtunddreißig Jahre alt, leitet die Verbraucher-Kontakt-stelle einer staatlichen Organisation. Sie träumt von einem Leben als Künstlerin. In ihrer Freizeit besucht sie Kunstkurse.

Sie ist seit zehn Jahren geschieden. Seit sechs Jahren ist sie mit einem Mann liiert, der Kinder aus einer früheren Ehe hat. Er möchte nicht wieder heiraten und auch keine weiteren Kinder bekommen. Obwohl sie ihn liebt, geht Sarah in jüngster Zeit wieder mit anderen Männern aus, da sie gerne heiraten und möglichst auch Kinder haben möchte.

»Ich lese viel. Bei meiner Lektüre habe ich auch nach Frauenvorbildern gesucht, die ohne Kinder erfolgreich und glücklich waren. Es interessiert mich, wie andere Frauen mit dieser Sehnsucht nach Kindern fertig geworden sind und wie sie das Problem für sich gelöst haben. Ich habe herausgefunden, daß Frauen mit kreativen Berufen, wie Künstlerinnen und Schriftstellerinnen, mir in dieser Beziehung mehr geben können als Frauen in anderen Berufen.

Die erste Frau, die mich beeindruckte, war Georgia O'Keeffe. Obwohl es ihr sehr schwerfiel, entschied sie sich gegen Kinder, um so ihre gesamte Kraft und Energie ihrer Kunst widmen zu können.

Frida Kahlo, die Frau von Diego Rivera, benutzte ihre Kunst, um ihre schmerzlich empfundene Kinderlosigkeit zu überwinden. In einigen ihrer Bilder läßt sie ihren Mutterphantasien freien Lauf.

Gloria Steinem ist für mich ebenfalls ein Vorbild. In ihrem Buch *Outrageous Acts and Everyday Rebellions* erzählt sie, daß ihre mütterlichen Instinkte und Gefühle sie schon immer zu älteren Menschen hingezogen hätten. Ich fühle mich nicht so stark zu älteren Menschen hingezogen, aber ich glaube, ich kann Menschen in meinem Alter, die Zuwendung brauchen, eine Stütze sein.

Für mich ist es auch hilfreich, wenn ich mit älteren kinderlosen Frauen spreche. Als ich eine gute Freundin fragte, wie sie in ihrem Alter – sie ist über fünfzig – ihre Kinderlosigkeit empfinde, meinte sie, sie hätte verschiedene Phasen durchgemacht, aber sie werde es mit der Zeit immer leichter ertragen. Ich habe dies als tröstlich empfunden.«

Sarah hat ihr Seelenheil auf ganz andere Weise gefunden. Sie hat Bücher gelesen, in denen sie erfuhr, wie Frauen, die sie bewunderte, mit ihrer Kinderlosigkeit umgegangen sind. Diese Frauen haben ihr gezeigt, daß auch kinderlose Frauen ein erfülltes, kreatives und nützliches Leben führen können.

Schritt Nr. 7
Die mütterliche Energie in andere Kanäle lenken

Das Bedürfnis, zu hegen und zu pflegen, ist bei kinderlosen Frauen oft sehr ausgeprägt. Viele dieser Frauen empfinden es zeitweise als enorm frustrierend, daß sie die in ihnen schlummernde mütterliche Energie nicht einsetzen können. Um das Überleben der menschlichen Rasse zu sichern, hat uns die Natur mit diesem starken biologischen – nicht nur physischen, sondern auch psychischen – Verlangen ausgestattet. Es ist eine große Kraft, die ausgelebt und gelenkt sein will. Wie jedes drängende Verlangen, das die Menschheit motiviert – Liebe, Ehrgeiz, Religion, sexuelle Befriedigung, Stolz –, kann der Drang zum Bemuttern eine konstruktive oder destruktive Kraft sein. Wenn das Leid über ihre Kinderlosigkeit sie unfähig für jeden neuen Gedanken macht, kennen sie bereits die destruktiven Fähigkeiten dieses Dranges. Selbst bei einer Frau mit Kindern kann sich die mütterliche Energie negativ auswirken. Wir alle kennen Mütter, die ihre Kinder »erdrücken«, alles für sie tun, ihnen keine Selbständigkeit, kein eigenes Leben zugestehen. Da umgeleitete Energie sich sowohl positiv als auch negativ auswirken kann, ist es wichtig, sie zur richtigen Zeit in die richtigen Kanäle zu lenken.

Das richtige Timing

Wenn Sie in der Zeit, wo Kinderlosigkeit für Sie zur Realität wird, Ihr Leben mit anderen Aktivitäten anfüllen, leiten Sie Ihre mütterliche Energie nicht wirklich in andere Kanäle, sondern leugnen lediglich den erlittenen Verlust. Eine gewisse Trauerarbeit, ein gewisses Loslassen *muß* zuerst erfolgen. Sonst wird das Vorhaben vom Willen und Verstand bestimmt und nicht von einem ent-schlossenen Herzen.

Von anderen hört man oft Ratschläge, die zwar gut gemeint, aber unangebracht sind und – oberflächlich betrachtet – dem in diesem Kapitel behandelten Schritt ähneln. Als ich in der ersten Phase meiner Kinderlosigkeit einer Kollegin erzählte, wie verzweifelt ich bin, weil ich kein Kind bekommen kann, sagte diese zu mir: »Ich kann dich verstehen, aber es gibt so viele Menschen um dich herum, die deine Fürsorge gebrauchen könnten. Warum widmest du dich nicht ihnen?« Zu diesem Zeitpunkt wollte ich aber niemanden und nichts bemuttern als mein eigenes Kind. Für einen solchen Rat sind wir erst zugänglich, wenn wir unsere Trauerarbeit geleistet und das Loslassen gelernt haben.

Überkompensieren

Bei unseren ersten Versuchen, unsere mütterliche Energie in andere Kanäle zu leiten, kommt es manchmal zu einer Überkompensation. Wir fallen sozusagen in das entgegengesetzte Extrem. Weil wir nicht herumsitzen und über unsere Kinderlosigkeit nachdenken wollen, suchen wir ein anderes Ziel für unsere brachliegende mütterliche Energie. Das sind dann oft soziale Tätigkeiten, in die wir uns mit einem solchen Eifer stürzen, daß wir nach einiger Zeit erschöpft aufgeben müssen. Eine Frau erzählte mir, daß sie sich als ehrenamtliche Hilfslehrerin bei der Schule am Ort meldete, für zwei Mädchen das Amt der »Big Sister« übernahm und sich in den Verwaltungsrat zweier gemeinnütziger Organisationen für Kinder wählen ließ. Weil sie sich zuviel aufgebürdet hatte, brach sie unter der Last zusammen und mußte alles wieder aufgeben.

Das »Mutter sein« nicht so eng sehen

In unserer Gesellschaft herrscht zumeist die Auffassung, daß Kinder, speziell jüngere Kinder, das Eigentum ihrer leiblichen Eltern oder Adoptiveltern sind. Dadurch werden kinderlose Frauen aus dem engeren Familienkreis praktisch ausgeschlossen. Es ist tatsächlich so, daß viele Eltern denken oder zumindest so handeln, als ob ihre Kinder ihnen ganz allein gehören. Leider unterstützen unsere Gesetze diesen Glauben. Das ist auch ein Grund, warum körperlicher und sexueller Mißbrauch von Kindern so lange toleriert wurde. Die Eltern hatten das Recht, ihre Kinder so zu behandeln, wie sie es für richtig erachteten. Erst in letzter Zeit wurde damit begonnen, den Kindern ebenfalls Rechte zuzugestehen, auch wenn diese mit den Rechten der Eltern im Widerspruch stehen. Diese »Besitzhaltung« Kindern gegenüber hat kleine, isoliert lebende Familien zur Folge, bestehend aus den Eltern und den Kindern – heute auch oft nur einem Elternteil und Kindern –, die wenig Unterstützung und Hilfe von außen erhalten. Die Mobilität unserer modernen Gesellschaft bringt es mit sich, daß viele Menschen weit weg von ihren eigenen Eltern oder ihrer früheren Familie wohnen. Da gibt es keine Großmutter, die um die Ecke wohnt, und keine Schwestern, Tanten und Kusinen, die nach einem Telefonanruf schnell vorbeikommen können, wenn Hilfe nötig ist. Es fehlt das starke Fundament der Großfamilie, das den Generationen vor uns die Kindererziehung leichter machte. Seltsamerweise wohnen an ein und demselben Ort genauso isoliert lebende kinderlose Frauen, Männer und Paare, die selten eine große Rolle im Leben der Familien mit Kindern spielen. Sie haben diesen Kindern gegenüber keinerlei Verantwortung und Rechte.

Zum Glück sehen nicht alle Menschen und alle Kulturen die Beziehung zwischen Eltern und Kindern in einem so engen Rahmen. Schon bevor ich wußte, daß ich keine Kinder bekommen kann, hat mich Kahil Gibrans Haltung Kindern gegenüber beeindruckt. In seinem Buch *Der Prophet* sagt er:

Deine Kinder sind nicht Deine Kinder.
Sie sind Söhne und Töchter der Sehnsucht nach
dem Leben selbst.
Sie kommen durch Dich, aber nicht von Dir.
Und obwohl sie bei Dir sind, gehören sie Dir nicht.

In dem Buch *Childlessness Transformed: Stories of Alternative Parenting* erzählt Brooke Medicine Eagle »von der schönen und funktionellen Tradition« der Crow-Indianer: »Wenn du keine Kinder hast, werden alle Kinder zu deinen Kindern. Damit sind nicht nur die Kinder des speziellen Stammes, Lagers oder Clans gemeint, sondern alle Kinder und Geschöpfe unserer Mutter Erde.«

Wieviel besser wäre es für uns alle, wenn in unserer Kultur ein Meinungswechsel auf diesem Gebiet stattfinden würde. Stellen Sie sich eine Gesellschaft vor, wo Kinder uns allen gehören, wo alle Erwachsenen die Verantwortung für das Wohl aller Kinder gemeinsam tragen, wo wir alle eine sinnvolle Rolle zu spielen haben. Natürlich sind dies idealistische Vorstellungen, doch hindert uns nichts, das Konzept, daß Kinder allen gehören, für unsere Zwecke zu übernehmen. Wir brauchen uns von unserer Kultur nicht einengen lassen, wir können unsere mütterlichen Gefühle ausleben und Wege finden, wo diese gebraucht werden.

Es liegt an uns, zu bestimmen, wo wir unsere mütterliche Liebe und Energie einbringen wollen. Wir sind nicht an eigene Kinder gebunden. Wir können unsere mütterlichen Gefühle, unsere Liebe, allen Kindern in unserem Leben (oder Erwachsenen, Tieren, Pflanzen) schenken. Wir können neue Bezugsformen, neue Strukturen ausprobieren. Wir können Teil einer Familie werden, wenn auch nicht unserer eigenen. Eine ledige Freundin von mir ist gerade zur Großmutter ernannt worden. Ihre Freundin bat sie, für ihren neugeborenen Jungen die »Westküsten-Omi« zu sein. Viele Frauen werden auch zur »Tante« der Kinder ihrer Freunde. Die meisten von uns kennen Leute mit Kindern – Nachbarn, Freunde, Kollegen oder Verwandte –, die es schön finden würden, wenn andere Erwachsene eine gute Beziehung zu ihren Kindern entwickeln könnten. In Schritt Nr. 8 werden wir mehr über die Freuden, die Kinder in unser Leben bringen können, erfahren, und wir werden erkunden, wie sich Kinder in unser Leben einbeziehen lassen.

Wie mütterliche Energie in andere Kanäle gelenkt werden kann

1. Überlegen Sie sich, ob Sie es überhaupt wollen.

Brauchen und möchten Sie ein neues Ziel für Ihre ungenutzte Energie? Nicht alle haben dieses Verlangen. Vielleicht haben Sie bereits eine Aufgabe gefunden, die Sie für ihre Kinderlosigkeit entschädigt, und sind mit ihrem jetzigen Dasein zufrieden. Wenn Sie sich jedoch unbefriedigt fühlen, wenn Sie glauben, daß in Ihrem Leben etwas Wichtiges fehlt, sollten Sie diesen Schritt weiterhin verfolgen. Für den Fall, daß Sie unsicher sind, beantworten Sie sich am besten die folgenden Fragen:

– Haben Sie das Gefühl, daß in Ihnen mütterliche Energie brachliegt? Sie möchten diese gerne einsetzen, wissen aber nicht, wie?
– Haben Sie schon damit geliebäugelt, an bestimmten Projekten mitzuarbeiten, dies aber nie in die Tat umgesetzt?
– Gefällt Ihnen der Gedanke, sich für Kinder oder anderes zu engagieren?

2. Suchen Sie sich ein Ziel.

Wenn wir daran denken, unsere mütterliche Energie in andere Kanäle zu lenken, kommen uns als erstes die Kinder anderer in den Sinn, und tatsächlich gibt es viele Kinder, die unserer Fürsorge bedürfen. Säuglingsstationen in Krankenhäusern suchen oft freiwillige Helfer, die frühgeborenen Babys etwas Liebe und Zuwendung geben, wenn diese Wochen und Monate im Krankenhaus verbringen müssen. Bei anderen Organisationen kümmern sich ehrenamtlich tätige Frauen um Mädchen, die mehr Zuwendung und Anregung brauchen, als es die eigene

Familie oder ihre Umgebung bieten kann. Sie können aber auch naturkundliche Spaziergänge mit Kindern unternehmen oder ihnen in Bibliotheken Geschichten vorlesen. Und das sind nur einige Möglichkeiten unter vielen.

Doch nicht nur Kinder brauchen Zuwendung. Viele Frauen finden es sehr befriedigend, wenn sie Erwachsenen helfen können. Da gibt es gebrechliche alte Menschen, die Unterstützung brauchen, um in ihrer eigenen Wohnung bleiben zu können, und es gibt die alten Menschen, die in Seniorenheimen leben. Sollte Ihnen so etwas zusagen, wenden Sie sich am besten an eine entsprechende Hilfsorganisation oder kümmern Sie sich um einen älteren Menschen, den Sie bereits kennen. Begleiten Sie die Frau oder den Mann ins Konzert und zu Sportveranstaltungen oder unternehmen Sie mit ihr oder ihm eine Spazierfahrt. Bieten Sie an, Botengänge zur Bank oder zur Post zu erledigen. Oder machen Sie ganz einfach nur einen Besuch – oft ist dies das größte Geschenk, das man älteren Menschen machen kann.

Manche Frauen wenden sich auch Tieren zu. Sie halten Haustiere oder engagieren sich in Projekten, die zum Beispiel dem Schutz der Meeressäugetiere oder der Rettung gefährdeter Tierarten dienen. Immer mehr Frauen engagieren sich auch im Umweltschutz. Sie kämpfen gegen die Umweltverschmutzung, die Ausbeutung der Erde und die drohende nukleare Zerstörung. Andere Frauen widmen ihre Energie auch den kreativen Künsten oder privaten Organisationen.

3. Nehmen Sie die Herausforderung an.

Weil Frauen sich von jeher so sehr auf die Familienrolle und die Fürsorge für andere konzentrieren, haben nur wenige wirklich ihre intellektuellen, physischen und kreativen Fähigkeiten ausgeschöpft. Frauen, die sich dessen bewußt werden, möchten gern mehr aus ihrem Leben machen, trauen sich aber nicht. Es gibt dafür unendlich viele Gründe. Weil man sie nie ermuntert hat, nach den Sternen zu greifen, wagen sie es kaum, auch nur davon zu träumen. Sie befürchten, wichtige menschliche Beziehungen in ihrem Leben unwiderruflich zu zerstören, wenn sie die traditionelle Erwartungshaltung durchbrechen; sie haben Angst zu versagen; sie sorgen sich, was die anderen zu ihren neuen Unternehmungen sagen könnten; sie wissen nicht genau, was sie eigentlich tun möchten. Sollten diese Aussagen auch auf Sie zutreffen, empfehle ich Ihnen das Buch *WISHCRAFT: How to get What You Really Want* von Barbara Sher und Annie Gottlieb. Darin wird ganz genau erklärt, wie Sie Ihre Wünsche identifizieren und das, was Sie sich wünschen, bekommen können.

Sie können auch auf Schritt Nr. 2, »Den Verlust verstehen lernen«, zurückgreifen. Lesen Sie die dabei gemachten Notizen und überlegen Sie sich noch einmal Ihre Gründe, warum Sie ein Kind wollten und warum Sie Ihre Kinderlosigkeit so sehr geschmerzt hat. Erinnern Sie sich wieder an die unerfüllten Bedürfnisse des in Ihnen verborgenen Kindes. Auf diese Weise bekommen Sie Hinweise, wie Sie Ihre mütterliche Energie am besten einsetzen könnten, damit Ihr Leben etwas von dem bekommt, was Sie sich durch die Mutterschaft erhofft haben.

Wir wollten perfekte Mütter werden. In der Mutterschaft wollten wir unsere besten Eigenschaften, unsere selbstloseste Liebe zeigen. Es ist jedoch kein Grund, diese guten Eigenschaften, diese reine Liebe, dieses Streben nach Vollkommenheit zu vernachlässigen, nur weil wir keine Kinder bekommen haben.

»Die mütterliche Energie nicht brachliegen lassen«

Die Geschichte von Sarah:

Bei ihrer Hochzeit waren Sarah siebenunddreißig und ihr Mann achtundvierzig Jahre alt. Sie wünschten sich beide Kinder, doch Sarah wurde nicht schwanger. Nach mehreren Jahren vergeblichen Hoffens unterzogen sie sich einer Behandlung wegen Unfruchtbarkeit. Dabei wurde bei ihrem Mann eine zu geringe Spermienzahl festgestellt, die nicht korrigiert werden konnte. Eine Adoption wollten sie wegen ihres Alters nicht in die Wege leiten. Sarah und ihr Mann besitzen und betreiben eine chemische Reinigung.

»Ich glaube, es ist wichtig, daß kinderlose Frauen ihre mütterliche Energie nicht brachliegen lassen. Sie müssen sie anderweitig nutzbringend einsetzen. Bei einer Frau, die ein Kind hat, hat diese Energie ein Ziel. Unsere mütterliche Energie dagegen treibt ziellos dahin und weiß nicht, wo sie gebraucht wird. Wenn man sie einfach in eine Tasche stopft, könnte sie außer Kontrolle geraten, zu einem Monster werden, das unser Leben ruiniert. Wir müssen unsere mütterliche Energie in die richtigen Kanäle lenken.

Wir dürfen mit dieser Energie jedoch nicht Schindluder treiben. Als ich meine Kinderlosigkeit als eine Tatsache zu akzeptieren begann, versuchte ich verzweifelt, meine mütterliche Energie anderweitig einzusetzen. Ich wurde zu einer Wohltäterin der Menschheit, die alle Probleme der Welt lösen wollte. Wo jemand gebraucht wurde, war ich zur Stelle. Wo immer es etwas auszufechten gab, machte ich mit. Ich wollte die Mutter für alle sein, doch irgendwann blieb ich ausgelaugt auf der Strecke. Inzwischen habe ich gelernt, meine Grenzen zu kennen.

Vor zwei Jahren wurde ich unter vielen Bewerberinnen in den Verwaltungsrat unseres Krankenhauses gewählt. Die Arbeitsmoral des Personals ließ zu wünschen übrig, und die Verwaltung arbeitete ineffizient. Wir mußten alles neu organisieren. Ich entwickelte dabei ungeahnte Fähigkeiten, und das war ein tolles Gefühl. Ich kann viel von meiner mütterlichen Energie in diese neue Rolle legen. Neben den üblichen Verwaltungsarbeiten ist es mir auch gelungen, die Arbeitsmoral und die Arbeitsfreude des Personals zu verbessern. Braucht es dazu eine Frau, die viel Liebe zu geben hat? Ich weiß es nicht. Doch ich habe einen Platz gefunden, wo ich das, was ich habe, einsetzen kann, und das bringt mir große Zufriedenheit.«

Natürlich sind kinderlose Frauen nicht die einzigen Personen, die sich außerhalb ihres Familien- und Freundeskreises engagieren, aber für diese Frauen hat dieses Engagement eine besondere Bedeutung. Sie haben einen Weg gefunden, wie sie ihre sonst brachliegende mütterliche Energie einsetzen können.

»Ich habe so viele Kinder, wie ich möchte«

Die Geschichte von Alice:

Alice ist die älteste von vier Kindern. Sie beschreibt sich selbst als »ehemaliger Hippie«. Ihr unkonventioneller Lebensstil lieferte damals Konfliktstoff zwischen ihr und ihren Eltern. Sie zog deshalb von ihrer Familie in Michigan fort nach Kalifornien. Heute ist sie vierundfünfzig Jahre alt und arbeitet in einem Bio-Laden. In ihrer Freizeit ist sie begeisterte Hobbygärtnerin und engagierte Umweltschützerin.

»Als ich jung war, hatte ich ernsthafte Zweifel, ob man einem Kind zumuten kann, in dieser Welt aufzuwachsen. Außerdem mißtraute ich meinen Motiven für eine Mutterschaft. Ich beschloß, noch abzuwarten. Mit sechsunddreißig fühlte ich mich dann reif für ein Kind, und der Mann, mit dem ich damals zusammenlebte, wollte ebenfalls Kinder. Meine erste Schwangerschaft endete im fünften Monat mit einer Fehlgeburt, und das zweite Mal hatte ich eine Eileiterschwangerschaft. Danach konnte ich keine Kinder mehr bekommen. Ich war zwar enttäuscht, aber ein Kind auszutragen war für mich nicht das Höchste im Leben, also akzeptierte ich das Unvermeidliche. Wie gesagt, es war nicht die Tragödie meines Lebens.

Ich habe gemerkt, daß ich keine eigenen Kinder brauche, um ein ausgefülltes Leben zu führen. Dieses Besitzdenken ist doch sowieso nur eine Erfindung des Patriarchats. Ich fühle mich nicht als eine Frau ohne Kind. Ich kann so viele Kinder haben, wie ich möchte, denn für mich sind alle Kinder meine Kinder. Ob ich nun beim Anstehen an der Kasse mit einem Kind im Einkaufswagen plaudere oder an einem Nachmittag ein Kind aus der Nachbarschaft hüte, während dieser Zeit gehören diese Kinder mir, und ich behandle sie auch so. Wir haben doch Kinder, um ihnen unsere Liebe zu schenken. In jeder Gemeinschaft sollte es kinderlose Frauen geben. Unsere Liebe ist nicht gebunden, sie gehört allen. Wir können viele Mißstände auffangen.

Ich empfehle jeder Frau, die aus ihrem Leben nicht das machen kann, was sie gerne möchte, eine Therapie zu machen. Die Zeiten sind vorbei, wo Frauen sich mit weniger zufriedengeben, als sie eigentlich wollten. Heute gibt es sehr viele Möglichkeiten.«

Alice hat ihre Kinderlosigkeit rasch überwunden. Sie hat viele andere Interessen und Pläne. Bei Alice hat mich besonders ihre Einstellung Kindern gegenüber beeindruckt. Wenn sie Kontakt mit einem Kind hat – und sei es nur in der Warteschlange von der Kasse des Lebensmittelladens –, betrachtet sie dieses Kind in diesem Moment als ihr eigenes. Deshalb sieht Alice sich auch nicht als eine Frau ohne Kind, im Gegenteil, sie hat so viele Kinder wie sie möchte, indem sie alle Kinder als die ihren betrachtet.

Schritt Nr. 8
Kinder in das Leben einbeziehen

Scheuen Sie vor diesem Schritt? Haben Sie Angst, ich wollte Sie jetzt überzeugen, daß Kinder in Ihr Leben einzubeziehen Sie für das Fehlen eigener Kinder entschädigt? Ich kann Sie beruhigen, denn ich weiß sehr genau, daß es für eigene Kinder keinen Ersatz gibt.

Es gibt kinderlose Frauen, die bewußt oder unbewußt nichts mit Kindern zu tun haben wollen. Sie wissen, daß der Umgang mit Paten- oder Stiefkindern, Nichten und Neffen, das Amt einer »Big Sister«, das Betreuen von Kindern in Schulen und Kinderkrankenstationen nicht dasselbe ist wie eigene Kinder haben. Diese Überzeugung entspricht sicherlich der Wahrheit, doch andererseits sollen wir bei diesen Aktivitäten weder die Mutter noch die Ersatzmutter sein. Es handelt sich dabei um vollkommen andere Erfahrungen. *Wenn Sie Wege finden, Kinder in Ihr Leben einzubeziehen, ist dies keine Entschädigung für eigene Kinder.* Eine solche Erwartung würde für Sie nur Enttäuschungen bringen.

Doch davon abgesehen, gibt es keinen Grund, warum Sie sich nicht an der Gegenwart von Kindern erfreuen sollten – nur weil Sie keine eigenen Kinder haben. Ich persönlich bin von diesem Schritt begeistert. Mein Leben ist durch das Einbeziehen von Kindern sehr viel reicher geworden.

Eine Rolle wählen

Die Rolle der Mutter hat viel mit den Aktivitäten des täglichen Lebens zu tun. Sie ist daher zum großen Teil bereits vorgeschrieben. Von den Müttern erwartet man, daß sie ihre Kinder zu nützlichen Mitgliedern der menschlichen Gesellschaft erziehen. Sie müssen folglich sehr viel Zeit und Energie aufwenden, um den Kindern beizubringen, was sie tun und was sie lassen sollen.

Wir alle kennen die endlosen Ermahnungen unserer Mütter: Iß dein Gemüse! Räum dein Zimmer auf! Schlag deine kleine Schwester nicht! Alle Mütter, die ich kenne, nahmen sich nach der Geburt ihres ersten Kindes vor, eine großzügige Mutter zu sein, eine Mutter, die nicht dauernd »nein« und »das darfst du nicht« sagt. Doch bald ertappen sich diese Mütter dabei, daß gerade diese Worte zu ihrem gebräuchlichsten Vokabular geworden sind (und oft haben sie dabei noch den gleichen Tonfall wie ihre eigenen Mütter). Das gehört zum Muttersein eben einfach dazu. Wir »Nicht-Mütter« dagegen haben den Vorteil, das Kind nicht erziehen zu müssen. Die Beziehung zu dem Kind ist dadurch nicht so streng definiert und eingeengt.

Wir sind viel freier und beweglicher beim Wählen der Rolle, die wir gern spielen möchten. So sah sich eine Frau zum Beispiel in der Rolle der *Auntie Mame*. Falls Sie sich an Rosalind Russell in dem Film *Auntie Mame* erinnern, wissen Sie sofort, daß diese Frau nicht daran interessiert ist, ihre Nichten und Neffen zu nützlichen Mitgliedern unserer Gesellschaft zu erziehen. Sie will verrückte Dinge mit ihnen tun, ihnen die Wonnen eines unkonventionellen Lebens zeigen, jenseits der Zwänge des gesellschaftlichen Sittenkodexes.

Eine andere Frau wurde zu der Vertrauten der Kinder ihrer Freundin im Teenageralter. Sie wußte oft besser über ihre Sorgen und Nöte Bescheid als die Eltern und genoß ihre Rolle der Ratgeberin.

Manche Frauen fanden große Genugtuung darin, die Person im Leben eines Kindes zu sein, die ihm die Musik, die Kunst oder den Sport nahebrachte, die die Interessen und Talente eines Kindes erkannt und gefördert hat. Das Band gemeinsamer Interessen hält dann oft ein Leben lang.

Wenn es in Ihrem Leben bereits Kinder gibt oder wenn Sie daran denken, Kinder in Ihr Leben einzubeziehen, überlegen Sie sich, welche Rolle(n) Sie dabei gerne spielen möchten. Von welchen

Ihrer besonderen Fähigkeiten oder Talente hätten Sie Ihre
eigenen Kinder gerne profitieren lassen? Welche Ihrer Eigenschaften schätzen Sie am meisten? Wartet eine vernachlässigte
Begabung von Ihnen darauf, zum Blühen gebracht zu werden?
Die Antworten auf diese Fragen zeigen, welche Art von Beziehung zu Kindern Ihnen am meisten Freude machen würde.

Aktivitäten wählen

Damit Ihr Zusammensein mit Kindern zu einem Erfolg wird,
planen Sie Aktivitäten, die auch Ihnen Freude machen. Denken
Sie zurück an Ihre eigene Kindheit: Welche Ausflüge, Spiele,
Unternehmungen haben Ihnen damals besonders viel Spaß
gemacht und könnten Ihnen auch heute noch gefallen? Spielten
Sie gern im Sandkasten mit Eimer und Schaufel? Liebten Sie
es, mit Fingerfarben zu malen? Gingen Sie gerne mit einem Zelt
auf Campingausflüge, mit nächtlichem Lagerfeuer und gegrill-
ten Würstchen? Wann haben Sie sich das letzte Mal einen
Kinderfilm angesehen?
Oder denken Sie an all die Dinge, die Sie als Kind gern gemacht
hätten, aber aus irgendeinem Grund nicht gemacht haben.
Wollten Sie immer Muscheln oder Briefmarken sammeln,
Schlittschuhfahren oder Reiten lernen, auf Bäume klettern,
Modellflugzeuge bauen, Kleider für Ihre Lieblingspuppe nähen,
spät in der Nacht Geistergeschichten erzählen? Wenn wir Kinder in unser Leben einbeziehen, haben wir einen Grund, Dinge
zu tun, die wir normalerweise nicht tun würden. Wir können das
Kind, das in uns steckt, herauskommen und spielen lassen. Eine
Frau, die als Einzelkind aufgewachsen ist, erzählte mir, daß sie
sich als Kind immer viele Brüder und Schwestern zum Spielen
gewünscht hatte. Sie meinte: »Ich glaube, das hat sich in mein
Erwachsenenleben übertragen. Ich suche immer noch Kinder,
mit denen ich spielen kann.«

Mögliche Gefahren

Natürlich kann es auch zu Problemen kommen, wenn Sie Ihr Herz für Kinder öffnen und sie in Ihr Leben einbeziehen. Sie werden mit diesen Problemen besser zurechtkommen, wenn Sie bereits im voraus wissen, welcher Art diese sein können.

Eine große Gefahr (die, wenn sie eintritt, sehr schmerzlich sein kann) besteht darin, daß Sie den Kontakt zu den Kindern, die Sie lieben, verlieren oder daß Ihnen der Kontakt verwehrt wird. Manchmal bringen Veränderungen den Kontakt allmählich zum Erliegen, zum Beispiel bei einem Wohnortwechsel, bei nachlassender Freundschaft mit der Familie des Kindes, bei Wiederverheiratung des alleinerziehenden Elternteils. Der Bruch kann sich allerdings auch dramatischer abspielen. Da Sie sozusagen auf das Wohlwollen der Eltern angewiesen sind, sind Sie auch deren Launen ausgeliefert. Die Eltern können Ihren Kontakt zu dem Kind jederzeit und aus jedem Grund beenden. Mehrere der von mir interviewten Frauen hatten diesbezüglich sehr unangenehme Erfahrungen gemacht.

Mary, zum Beispiel, lebte vier Jahre mit einem Mann zusammen. Seine zwei Kinder verbrachten jedes zweite Wochenende und viele Ferien mit ihnen. Mary liebte die Kinder, und die Kinder liebten sie. Als der Vater sich entschloß, die Beziehung zu beenden, verlor Mary nicht nur den Mann, den sie liebte, sondern auch die beiden Kinder. Die Mutter erlaubte Mary keinen weiteren Kontakt zu den Kindern, und sie hatte keinerlei Rechte, dies zu verlangen. Sie hat die Kinder nie wiedergesehen.

Eine andere Frau, Missy, heiratete einen Witwer mit erwachsenen Kindern. Sein Sohn wohnte in ihrer Nähe und arbeitete mit dem Vater im Geschäft der Familie. Als der Sohn und seine Frau ihr erstes Kind bekamen, wurde Missy automatisch zur Großmutter väterlicherseits. Alles ging sechs Jahre lang gut, bis sich Vater und Sohn wegen geschäftlicher Differenzen entzweiten.

Das liebevolle Verhältnis zwischen Missy und dem kleinen Jungen litt sehr unter diesem Vorfall.

Daß der Kontakt zu einem geliebten Kind verwehrt oder erschwert wird, ist eine Erfahrung, die nicht nur kinderlose Frauen machen. Bei einer Scheidung oder beim Tod eines Elternteils ist es für Großeltern, Tanten und Onkel oft unmöglich, den Kontakt zu dem Kind, das ihnen einst sehr nahestand, aufrechtzuerhalten. Jede Liebesbeziehung kann zu Ende gehen. Dies wirft die alte Frage auf: Ist es besser, zu lieben und diese Liebe zu verlieren, als nie geliebt zu haben? Auf unser Thema abgestimmt, lautet die Frage: Ist es besser, Kinder in unser Leben einzubeziehen (mit all dem Spaß, den Freuden und der Liebe, die ein solcher Kontakt mit sich bringt) und diese Kinder zu verlieren, als einen solchen Kontakt nie gehabt zu haben? Natürlich muß jede Frau diese Frage selbst beantworten. Ich glaube jedoch, daß lebensbejahende Menschen immer ja zur Liebe, ja zu menschlichen Beziehungen sagen, auch wenn dies mit Risiken verbunden ist. Für die meisten von uns sind wertvolle menschliche Kontakte das Wichtigste und Schönste, was uns das Leben zu bieten hat. Wer gewinnen will, muß auch etwas riskieren!

Ein kleineres, aber dennoch unangenehmes Problem ist es, wenn Sie von den Eltern zu hören bekommen: »Was weißt du denn schon, du hast doch keine Kinder!« Diese Antwort erhalten Sie für gewöhnlich, wenn Eltern Ihre Beobachtungen und Schlußfolgerungen unangenehm sind. Auch wenn Sie nicht selbst Mutter sind, können Ihnen trotzdem sehr wichtige Dinge auffallen, die das Kind betreffen. Für die Eltern des Kindes ist es natürlich bequemer, Ihre Meinung zu ignorieren, als sich mit dem, was Sie zu sagen haben, auseinanderzusetzen.

In anderen Beziehungen kommt es auch zu ähnlichen Situationen. Wir alle überlegen uns, ob wir einer Freundin sagen sollen, daß sie von ihrem Freund ausgenutzt wird, oder einer Kollegin, daß sie ein Alkoholproblem hat. Jede Meinung kann zurückgewiesen werden, aber wenn unsere Meinung nicht anerkannt wird, weil wir nicht selbst Mütter sind, trifft uns dies. Seien Sie also vorsichtig, wenn Sie das Gefühl haben, die Eltern wollen nicht gern mit Ihnen über das Kind sprechen. Ist ein Gespräch jedoch unumgänglich, sagen Sie Ihre Meinung möglichst schonend, ohne Kritik zu üben.

Eine andere unangenehme Situation, auf die Sie vorbereitet sein sollten, ist der Moment, wo Sie das Kind wieder bei seinen Eltern abliefern. Sie hatten möglicherweise eine wunderschöne Zeit zusammen, sie haben gelacht, gespielt und viel Freude aneinander gehabt. Nun kommen Sie also triumphierend zurück, Sie fühlen, ja Sie wissen, daß das Kind Sie sehr gern hat. Trotzdem: Seien Sie darauf vorbereitet, daß das Kind Sie wahrscheinlich in dem Moment vergißt, wo es sein Zuhause, seine Mutter, die Geschwister und Freunde wiedersieht. Es rennt, ohne einen Blick zurückzuwerfen, von Ihnen fort. Je kleiner das Kind ist, um so eher trifft dies zu. Beim ersten oder zweiten Mal kann dies für Sie wie ein Schlag in den Magen oder wie eine vor Ihrem Gesicht zugeschlagene Tür sein. Versuchen Sie deshalb, wenn diese Übergangszeit bevorsteht, sich von dem Kind zu lösen, zu distanzieren. Wir alle kennen solche Übergangszeiten, zum Beispiel am Sonntag abend, wenn wir uns vom Wochenende lossagen und beginnen, an die am nächsten Tag auf uns wartende Arbeit zu denken, oder wenn Ferien oder ein Besuch zu Ende gehen.

Trennungen müssen jedoch nicht immer unangenehm sein. Vielleicht stellen Sie mit Genugtuung fest, wie schwer es dem Kind fällt, sich von Ihnen zu verabschieden, wie begierig es wissen will, wann Sie wiederkommen. Und viele, viele kinderlose Frauen berichten auch (nicht ohne zu schmunzeln), wie erleichtert sie sind, wenn sie die Kinder ihren Eltern zurückbringen können. Nach einem Tag oder auch nur wenigen Stunden sind die Frauen oft total erschöpft, und dann sind sie es, die es nicht erwarten können, auf Wiedersehen zu sagen.

Genießen Sie es, etwas Besonderes zu sein

Wenn Sie sich Kindern widmen, werden Sie bald merken, daß Sie für diese zu einer wichtigen Person geworden sind. Da huscht ein Lächeln über das Gesicht des Kleinkindes, sobald Sie in seine Nähe kommen, und am Flughafen werden Sie mit einem begeisterten »Tante Kathie, Tante Kathie« empfangen, wenn Sie zum Erntedankfest eintreffen. Oder die Nachbarstochter fragt schüchtern, ob sie vielleicht einmal rüberkommen dürfte, um mit Ihnen über ihren Freund zu sprechen. Freuen Sie sich, daß Sie für diese Kinder etwas Besonderes sind. Genießen Sie es in vollen Zügen.

Viele der von mir befragten Frauen taten so, als müßten sie ihre Bedeutung für das Kind herunterspielen. Zuerst schilderten sie lebhaft und mit sichtlichem Vergnügen ihren Ausflug mit den Nichten nach Disneyland oder die Vertrautheit, die sich mit dem täglich nach der Schule betreuten Kind ihrer Freundin entwickelte, oder die besondere Beziehung, die zwischen ihnen und den Kindern, die sie unterrichten, besteht. Dann unterbrachen sie sich, drosselten ihren Redefluß, als ob in ihrem Kopf irgendeine Bewertung stattgefunden hätte, und erklärten: »Sicher, ich bin nur die Tante (oder Lehrerin oder Nachbarin) und nicht die Mutter.« Sie nehmen offensichtlich an, daß nur Mütter zählen, und Tanten (Lehrerinnen und Nachbarinnen) nicht wichtig sind. Welch ein Unsinn! Kinder brauchen viele Bezugspersonen in ihrem Leben. Es könnte ja sein, daß Sie dem Kind etwas geben, das es von niemand anderem erhält.

Konzentrieren Sie sich auf die Gegenwart

Wenn Sie sich entschlossen haben, Kinder in Ihr Leben einzubeziehen, sollten Sie lernen, in der Gegenwart zu leben, sich auf das Jetzt und Heute zu konzentrieren. Genießen Sie das Lachen, den Spaß, die Spontaneität. Tun Sie dies aus zwei Gründen:

1. Sie schöpfen auf diese Weise das Leben besser aus und haben mehr Freude. Unser Leben spielt sich *jetzt*, in der Gegenwart, ab, die Vergangenheit liegt hinter uns und die Zukunft vor uns. Wenn Sie die Fähigkeit entwickeln, sich mehr auf die Gegenwart zu konzentrieren, fühlen Sie sich lebendiger und empfinden mehr Lebensfreude.

2. Sie werden mit dem plötzlich auftretenden Verlangen nach einem eigenen Kind besser fertig. Denn es wird Momente geben – wenn Sie ein Kleinkind auf dem Schoß halten, den Körperkontakt und die Wärme spüren und in das Gesichtchen schauen; oder wenn Sie am Strand mit Ihrem Neffen toben und sich mit Wasser bespritzen; oder wenn Sie ein tiefsinniges Gespräch mit einem Teenager führen –, wo Sie plötzlich eine große Traurigkeit und Leere überkommt und Sie von dem Gedanken, wenn ich nur ein Kind gehabt hätte, gequält werden. Akzeptieren Sie in einem solchen Fall Ihre Gefühle, doch dann konzentrieren Sie sich wieder auf die Gegenwart. Das Kind, das Sie sich gewünscht haben, ist nicht erreichbar, aber hier, jetzt, sind Sie mit einem Kind zusammen, Sie erleben einen Moment, der nie wiederkommen wird. Erfreuen Sie sich daran.

»Ich freue mich darüber«

Die Geschichte von Lois:
Lois' frühe Kindheit verlief chaotisch. Ihre Mutter litt unter Schizophrenie und verbrachte immer wieder lange Zeiten in einem psychiatrischen Landeskrankenhaus. Lois wurde dann jedesmal zu anderen Verwandten gebracht. Diese frühen Kindheitserfahrungen waren der Grund, warum Lois sich nicht entscheiden konnte, selbst Mutter zu werden. Sie zweifelte an

ihrer Fähigkeit, einem Kind eine verantwortungsbewußte, liebende Mutter sein zu können.

»Mein Therapeut fragte mich einmal: ›Muß es alles oder nichts sein? Gibt es nicht auch etwas dazwischen?‹ Ich dachte darüber nach. Mehrere Jahre spielte ich mit dem Gedanken, mich freiwillig für das Amt einer ›Big Sister‹ zu melden. Erst letztes Jahr habe ich das dann auch in die Tat umgesetzt. Ich wollte es aber nicht als Ersatz für eigene Kinder ansehen.

Die ›Little Sister‹, die mir zugeteilt wurde, ist zehn Jahre alt. Ich unternehme Dinge mit ihr, die ich gerne mit meinem eigenen Kind gemacht hätte. Wir gehen ins Kino, und wir reden über die Schule. Es tut mir gut, mich mit ihr abzugeben, ich denke dann nicht dauernd nur an mich.

Ich verabrede mich mit ihr einmal pro Woche. Wenn es dann soweit ist, möchte ich oft nicht gehen. Es ist komisch, aber ich sträube mich dagegen. Trotzdem gebe ich diesem Gefühl nicht nach. Ich zwinge mich, hinzugehen, und danach bin ich froh, daß ich es getan habe. Seitdem sie sich an mich gewöhnt hat, ist unsere Beziehung offen und herzlich geworden. Es tut mir gut, diese Wärme zu spüren. Ich glaube, unser Zusammensein hilft sowohl ihr als auch mir. Für mich liegt die Lösung wahrscheinlich darin, konkrete, praktische Schritte zu unternehmen, von denen ich weiß, daß sie mir guttun, wie zum Beispiel zu meiner ›Little Sister‹ zu gehen, selbst wenn ich keine Lust dazu habe.

Am Anfang, als ich mich von ihr verabschiedete, war ich eifersüchtig auf die Mutter. Ich tat mir dann selbst leid. Das ist kein Ersatz für ein eigenes Kind, sagte ich mir. Doch dann wurde mir klar, daß es etwas total anderes ist, über das ich mich auch freuen kann.

Meine beste Freundin erwartet bald ein Kind. Sie möchte, daß ich mich auch um das Baby kümmere. Ich habe Angst, wenn ich an das Risiko einer emotionalen Bindung denke. Was ist, wenn sie wegziehen? Früher wäre ich vor der Situation davongerannt. Ich bin auch schon vor anderen Freundinnen mit Kindern davongerannt. Aber sich abzusondern scheint nicht die Lösung zu sein. Dieses Mal lasse ich mich darauf ein, ich werde es wagen.«

Lois wußte nicht so recht, ob sie Kinder in ihr Leben einbeziehen sollte. Deshalb fing sie erst einmal mit einem kleinen Schritt an, indem sie sich für das Amt einer »Big Sister« meldete. Sie empfand es als eine positive, erfreuliche Erfahrung. Nun ist sie zu einem größeren Schritt bereit. Sie will sich um das Baby ihrer Freundin kümmern. Ich glaube, jetzt bereits sagen zu können, daß diese Beziehung ihr noch mehr Freude bereiten wird.

»Das Gefühl, eine Mutter zu sein«

Die Geschichte von Norene:
Norene hätte gerne Kinder gehabt. Doch als die Jahre vergingen und es zu keiner Heirat kam, akzeptierte sie ihre Kinderlosigkeit ohne allzu großes Bedauern. Sie liebte ihren Beruf als Grundstücksmaklerin, hatte viele Freunde und war gern Tante von acht Nichten und Neffen. Als sie mit fünfundvierzig Jahren doch noch heiratete, fand sie es großartig, daß ihr Mann eine Tochter hatte.
»Ich bin eine sehr glückliche Stiefmutter. Leslie, meine Stieftochter, wird diesen Monat fünfundzwanzig Jahre alt. Sie war zehn, als mein Mann und ich heiraten. Schon vor unserer Hochzeit wurden Leslie und ich gute Freundinnen. Nach der Hochzeit war es kurzzeitig etwas kritisch, da Leslie befürchtete, ich könnte in die Rolle ihrer Mutter schlüpfen. Sie wollte das nicht, und ich war klug genug, dies auch nicht zu wollen. Bald hatten wir eine wirklich sehr gute Beziehung zueinander.
Seit Leslie erwachsen und verheiratet ist und nicht mehr bei uns wohnt, bemuttere ich sie mehr als zuvor. Ich glaube, unsere

Beziehung mußte sich erst entwickeln. Ich bin ganz aufgeregt, denn sie erwartet gerade ein Baby. Wir kaufen gemeinsam die Babykleidung, und sie hat mich gefragt, ob ich ihr nach der Geburt des Kindes helfen wolle. Ich fühle mich wie eine richtige Großmutter, weil ich von Anfang an dabei bin und nicht mitten in die Vorstellung hineinplatze, wie Stiefmütter es bei Stiefkindern meist tun. Für das Baby werde ich immer die Großmutter sein.

Ich habe Glück gehabt. Nicht alle kinderlosen Frauen können die Mutterstelle bei anderen Kindern antreten. Ich will damit nicht sagen, daß Stiefkinder die Lösung bei Kinderlosigkeit sind. Es ist natürlich nicht dasselbe wie mit einem eigenen Baby, aber es kann sehr schön sein. Leslie hat mir wirklich das Gefühl gegeben, eine Mutter zu sein.«

Viele kinderlose Frauen, die Stiefmütter geworden sind, entwickeln eine enge Beziehung zu ihren Stiefkindern. Manchmal ist es so etwas wie eine Mutter-Kind-Beziehung, meistens verbindet Stiefmütter und Stiefkinder jedoch eher eine Art Freundschaft. Norene wird bald die Freuden einer Großmutter kennenlernen. Sie und ich und andere kinderlose Frauen, die Großmütter werden, können sich glücklich schätzen.

Schritt Nr. 9
Die Vorteile eines »kinderfreien« Lebens nutzen

Wenn wir uns emotional auf eine Entscheidung, ein Vorhaben oder eine Idee festlegen, neigen wir dazu, uns vernünftigen, überzeugenden Argumenten für gegenteilige Meinungen zu verschließen. Oft handelt es sich bei dem strittigen Punkt nicht um eine Frage von Recht oder Unrecht, sondern mehr um die relativen Vorzüge von zwei verschiedenen Dingen. Dennoch weigern wir uns dickköpfig, die positiven Aspekte der Gegenmeinung anzuerkennen. Dabei ist es meist so, daß alle Alternativen ihre Vor- und Nachteile haben.

Genauso verhält es sich mit der Kinderlosigkeit. Weil uns bewußt ist, was uns durch unsere Kinderlosigkeit verlorenging, fällt es uns schwer, zuzugeben – nicht einmal uns selbst gegenüber –, daß unsere Situation auch Vorteile hat – und die hat sie unbestritten. Auch wenn für Sie die Vorteile die Nachteile nicht aufwiegen, so sind sie dennoch vorhanden.

Es gibt Zeiten, in denen kinderlose Frauen froh sind, daß sie keine Kinder haben. Das heißt jedoch nicht, daß sie sich nicht für Kinder entschieden hätten, wenn ihr Leben anders verlaufen wäre. Es heißt lediglich, daß sie zum jetzigen Zeitpunkt die Vorteile eines kinderlosen Lebens erkennen und wertschätzen. Vielleicht werden auch Sie Zeiten erleben, wo Sie Ihre Situation als angenehm empfinden. Sie dürfen sich das dann ruhig eingestehen und brauchen sich deswegen keine Gewissensbisse zu machen.

Kinderlos oder kinderfrei

Es ist ein himmelweiter Unterschied zwischen »kinderlos« und »kinderfrei«. Der Unterschied liegt in der Einstellung, aber schließlich macht die Einstellung immer den Unterschied. Wenn Sie allerdings eine Änderung in Ihrer Einstellung erzwingen wollen, wird Ihnen dies nicht gelingen. Erst im Laufe unseres Heilungs- und Überwindungsprozesses lernen wir, die Vorteile eines kinderfreien Lebens zu schätzen. Wenn Sie in Ihrem Heilungsprozeß zu früh versuchen sich einzureden: »Ach, eigentlich macht es mir gar nichts aus, keine Kinder zu haben, denn so kann ich ausgehen, wann ich will, und reisen, wohin ich will«, gehen Sie das Risiko ein, alles mit rationalen Argumenten anzugehen. Statt sich mit ihrem Verlust auseinanderzusetzen, leugnen Sie diesen und unterdrücken Ihre Gefühle.

In den frühen Phasen der Auseinandersetzung mit ihrer Kinderlosigkeit können manche Frauen es sich nicht vorstellen, daß eine Zeit kommen wird, wo sie sich nicht als *kinderlos*, sondern als *kinderfrei* fühlen werden. Einer Frau wurde von ihrem Onkel gesagt: »Manchen Frauen wird die Mutterschaft verweigert, andere werden davon befreit – alles hängt von der Perspektive ab.« Obwohl sie zu dieser Zeit noch sehr unter ihrer Kinderlosigkeit litt, blieben ihr diese Worte im Gedächtnis haften. Sie kamen ihr dann immer mal wieder in den Sinn und erinnerten sie daran, daß man ihre Situation auch anders betrachten kann. Ich machte eine ähnliche Erfahrung: In den Jahren, als ich wegen Unfruchtbarkeit in Behandlung war, hörte ich einen Vortrag der Autorin Alice Walker. Sie kam dabei auf ihre Mutter zu sprechen, die über kinderlose Frauen etwas Ähnliches gesagt hatte wie: »Wenn der liebe Gott dir diese Freiheit gibt, dann erfreue dich daran.« Zu diesem Zeitpunkt meines Lebens empfand ich meine Kinderlosigkeit nicht als eine Freiheit, aber die Worte habe ich nicht vergessen, und heute weiß ich, was sie damit gemeint hat.

Zeit

Zeit ist ein begrenztes und höchst demokratisches Gut. Gleichgültig, ob reich oder arm, pro Tag gibt es für uns alle vierundzwanzig Stunden, nicht mehr und nicht weniger. Von dieser uns gewährten Zeit verbringen wir viele Stunden mit Pflichten, die wir nicht immer gerne tun. Je mehr Zeit wir für diese täglichen Pflichten brauchen, um so weniger Zeit haben wir für die Aktivitäten, die wir lieber tun. Notgedrungen benötigen Frauen mit Kindern mehr Zeit für Pflichten, da sie nicht nur für sich selbst, sondern auch für ihre Kinder zu sorgen haben und zusätzlich vielleicht auch noch zum Familienunterhalt beitragen müssen. Frauen ohne Kinder haben den Vorteil, mehr Zeit zu ihrer freien Verfügung zu haben.

Finanzielle Mittel

Die meisten von uns verfügen über begrenzte finanzielle Mittel. Wir müssen uns überlegen, wie wir das Geld, das uns zur Verfügung steht, am besten aufteilen. Zu Recht oder Unrecht berücksichtigen die Gehälter der Frauen weder ihre wirtschaftliche Situation noch die Größe ihrer Familie. Eine Frau mit Kindern bekommt nicht mehr Geld ausbezahlt als eine Frau ohne Kinder. Sie ist also gezwungen, mit ihrem Geld sparsamer umzugehen. So müssen sich kinderlose Frauen zwar unter Umständen überlegen, ob sie das Auto zur Reparatur bringen oder einen neuen Teppichboden legen lassen, aber sie müssen sich nicht auch noch darüber Gedanken machen, ob sie lieber Janie neue Schuhe kaufen oder selbst zum Friseur gehen, oder ob sie in Urlaub fahren oder Tommy die Zahnspange finanzieren. Wir müssen unsere Wünsche und Bedürfnisse nicht wegen der Kinder zurückstellen. Es fällt uns auch leichter, für die Jahre nach der Pensionierung Pläne zu schmieden und unser Geld vorausschauend anzulegen, da wir keine teure College-Ausbildung zu bezahlen haben, die, wenn die Familie mehrere Kinder hat, über ein Jahrzehnt das Budget belasten kann.

Energie und Leistungsfähigkeit

Mit zunehmendem Alter läßt auch unsere Energie und Leistungsfähigkeit nach. Bei meinem Überwindungs- und Heilungsprozeß spielte dieser Faktor eine wichtige Rolle, denn es kam die Zeit, wo ich mich für ein Kind zu alt fühlte. Nachdem ich einen Abend ein Baby oder einen ganzen Tag ein Kleinkind gehütet hatte, sagte ich mir: »Du bist zu alt, um noch Mutter zu werden. Deine Zeit war da und ist jetzt vorbei.« Die Gewißheit, daß ich kein Baby mehr wollte, selbst wenn ich vor der Wahl stünde, hat mir enorm geholfen. Vielleicht gibt es einige energiegeladene Leute, auf die dies nicht zutrifft, doch mit zunehmendem Alter schätzen es die meisten Frauen, sich mit einem

guten Buch zurücklehnen zu können oder das Abendessen auf
später zu verschieben, wenn sie sich müde fühlen. Die meisten
Mütter, die ich kenne, sind fast immer erschöpft. Die Gründe
dafür sind offensichtlich. Mit der Kraft und Energie kinderloser
Frauen wird schonender umgegangen.

Beziehungen zu anderen Erwachsenen

Frauen ohne Kinder können sich ihrem Lebenspartner intensiver widmen. Sie können eine engere Beziehung pflegen, und
zwar nicht nur auf sexuellem Gebiet. Mein Mann und ich hatten
für ein Jahr einen ausländischen Studenten in unser Heim
aufgenommen. Es war eine schöne Erfahrung für uns, doch als
er uns verließ und wir wieder allein waren, kamen wir uns vor
wie in den zweiten Flitterwochen.

Kinder können in einer Beziehung auch für Probleme sorgen.
Viele Paare haben nicht dieselben Ansichten über Kindererziehung. Es kommt zu Meinungsverschiedenheiten, und diese
wirken sich dann oft negativ auf die Beziehung des Paares aus.
Ich habe bei meinen Familientherapien erlebt, daß ein Elternteil
sich mit einem Kind oder sogar mehreren Kindern gegen den
Partner verbündet und diesen aus dem Familienverband aus-
schließt. Oder ein Elternteil fühlt sich mehr zu einem Kind
hingezogen als zum Partner und gibt diesem Kind all die Wärme
und Nähe, die eigentlich dem Partner zustehen würde. Die
Zerstörung der Ehe ist in beiden Fällen vorprogrammiert.

Eine Frau mit Kindern muß ihre Beziehungen zu anderen
Erwachsenen – Eltern, Geschwister, Freunde – den Bedürfnissen und den Tagesabläufen ihrer Kinder anpassen. Geplante
Treffen mit Freundinnen, die Mütter sind, müssen oft abgesagt
werden, weil ein Kind krank geworden ist oder der Babysitter
keine Zeit hat. Ich weiß aus der Zeit, als meine Schwestern kleine
Kinder hatten – und jetzt, wo meine Nichten kleine Kinder haben
–, daß es praktisch unmöglich ist, in Gegenwart fordernder

Kinder ein intensives Gespräch zu führen. Frauen ohne Kinder dagegen können ihren Gesprächspartnern ihre volle Aufmerksamkeit widmen.

Freiheit und Unabhängigkeit

Ein Leben ohne Kinder gibt Raum für mehr Spontaneität, während das Leben von Frauen mit Kindern mehr in vorgegebenen Bahnen verläuft. Wir können uns zum Beispiel von einem Moment auf den anderen entschließen, zum Abendessen auszugehen oder übers Wochenende zu verreisen. Wenn es uns an unserem Arbeitsplatz nicht mehr gefällt, ist es für uns einfacher, diesen aufzugeben, da wir nicht für den Lebensunterhalt von Kindern sorgen müssen. Dieses Gefühl, das Leben selbst zu bestimmen oder Veränderungen vornehmen zu können, wann immer es uns gefällt, ist ein wichtiger Faktor der Lebensqualität. Niemand sitzt gern in der Falle.

Die Möglichkeit zur Selbstentfaltung

Für die Frauen, mit denen ich gesprochen habe, war die Möglichkeit zur Selbstentfaltung der Vorteil, der bei ihnen die größte Begeisterung hervorrief. Mütter widmen ihre Kraft und Energie anderen, sie leben, um andere wachsen und gedeihen zu lassen, und das geht oft auf ihre eigenen Kosten. Kinderlose Frauen wissen, daß es ein Geschenk ist, Zeit und Raum für die eigene Entfaltung zu haben. Mehr über sich selbst zu lernen, zu wachsen und sich weiterzuentwickeln, das alles ist etwas äußerst Befriedigendes. Frauen neigen mit zunehmender Reife dazu, über die verschlungenen Pfade, die Verflechtungen und Herausforderungen in ihrem Leben nachzudenken. Sie versuchen herauszufinden, warum ihr Leben so und nicht anders verlaufen ist, und sie suchen einen Sinn hinter all dem zu finden, was ihnen das Leben gebracht hat. Kinderlose Frauen verfügen im allgemeinen über mehr Zeit und Energie, um sich mit derartigen

Fragen zu beschäftigen. In Schritt Nr. 10, auf der Suche nach der weiblichen Ganzheit, werden wir näher auf diesen Vorteil eingehen.

Kummer, der uns erspart bleibt

Kinder bringen viel Freude, aber auch viel Kummer. Die Freuden mögen uns zwar entgangen sein, sicherlich entgangen ist uns jedoch der Kummer. Wer von uns kennt nicht Frauen, denen die Probleme ihrer Kinder erhebliche Sorgen bereitet haben. Kinder, die sich nicht normal entwickeln, sind für ihre Mütter ein Kummer ohne Ende. Stirbt ein Kind durch Krankheit, Unfall oder ein Verbrechen, ist dies für die Eltern grausam. Selbst wenn ein erwachsenes Kind stirbt, werden die Eltern oft von einem irrationalen Schuldgefühl geplagt, da es der natürlichen Ordnung zufolge an ihnen wäre, als erste zu gehen. Schrecklich ist es auch, wenn ein Kind drogen- oder alkoholabhängig oder kriminell wird. Mütter, deren Kinder sich aus irgendeinem Grund gegen sie wenden, machen oft Jahre der Anfeindungen und Schuldzuweisungen durch. Manchmal distanzieren und trennen Kinder sich auch vollständig von ihren Müttern und lassen diese allein und einsam zurück. Eltern empfinden es auch als schmerzlich, wenn ihre erwachsenen Kinder in Scheidung leben oder wenn sie ohnmächtig zuschauen müssen, wie ihre Kinder halt- und ziellos durchs Leben taumeln. Kinderlosen Frauen bleibt all dies und noch mehr erspart.

Die Kunst, glücklich zu sein, besteht zu einem Großteil darin, das, was man hat, schätzenzulernen. Niemand, zumindest niemand, den ich kenne, hat im Leben alles erhalten, was er oder sie sich wünschten. Aber wir können lernen, das, was wir haben, zu schätzen und das Beste daraus zu machen.

»Mehr Zeit, um zu mir selbst zu finden«

Die Geschichte von Laverne:
Wir haben bereits von Laverne gehört. Sie erzählte uns, daß es die falschen Beweggründe waren, warum sie sich Kinder gewünscht hatte. Laverne ist gelernte Krankenschwester. Sie war alkoholabhängig und ist seit neun Jahren trocken.

»Während ich Alkoholprobleme hatte und als meine Ehe in die Brüche ging, war ich froh, daß ich keine Kinder habe. Wenn ich sehe, wie viele Probleme meine Schwester mit ihren Kindern hat – Drogen, Streitereien, Krankheiten –, bin ich dankbar, mich damit nicht auseinandersetzen zu müssen. Eine Freundin hat unlängst ein Kind verloren. Da habe ich gedacht: So etwas Schreckliches kann mir zumindest nie passieren.

Außerdem muß ich mir von meinen Kindern nicht anhören, was ich bei ihrer Erziehung alles falsch gemacht habe, und ich brauche mir auch selbst keine Fehler vorzuwerfen. Ich glaube, das ist für eine Mutter etwas sehr Schlimmes.

Ich hatte mehr Zeit, um zu mir selbst zu finden, und ich habe diese Zeit auch unbedingt gebraucht. Ich habe meine Kindheit und Jugend damit verbracht, die Hoffnungen und Träume meiner Mutter zu erfüllen. Deshalb hat es bei mir auch länger gedauert, bis ich mit mir selbst klargekommen bin. All meine mütterlichen Gefühle sind an meine Patienten gegangen. Auch heute noch tue ich alles für sie. Ich sorge gerne für andere, und jeder, der es nötig hat, wird von mir bemuttert. Das ist etwas sehr Befriedigendes. Geben ist für mich das wichtigste im Leben. Es gibt meinem Leben einen Sinn.«

Wenn wir uns der Vorteile eines kinderfreien Lebens bewußt sind, heißt dies nicht, daß wir glauben, unser Leben wäre besser als das der Frauen, die Mütter sind. Es heißt vielmehr, wir sehen den Unterschied in den Lebensweisen und anerkennen die jeweiligen Vorteile.

»Ich habe soviel Wundervolles gesehen«

Die Geschichte von Emily:

Emily hat schon immer anderen gern geholfen. Mit zwanzig Jahren ging sie mit dem Peace Corps nach Afrika. Nach ihrer Rückkehr in die Staaten half sie der Kirchengemeinde eines armen Innenstadtbezirks bei der Errichtung einer Vorschule. Sie ist heute neunundvierzig Jahre alt und war sechs Jahre verheiratet. Emily spielt Cello und segelt gerne. Sie liebt ihre Arbeit mit kleinen Kindern in der Vorschule, die sie leitet.

»Obwohl ich nie froh war, daß ich keine eigenen Kinder habe, weiß ich doch die Vorzüge meiner Situation zu schätzen. Ich konnte egoistischer sein, denn meine Zeit, mein Geld, meine Gefühle gehörten mir. Ich war in erster Linie für mich verantwortlich und hatte daher mehr Zeit für meine persönliche Weiterentwicklung und Selbsterfahrung.

Ich bin unabhängig und habe mehr Geld zur Verfügung. Ich kann tun, was ich will, brauche mich nicht um einen Babysitter zu bemühen oder muß die Kinder nicht mitnehmen. Mit Kindern wäre ich nicht so frei und beweglich, könnte nicht soviel reisen. Kinder würden viel von meiner Zeit und Energie in Anspruch nehmen. Mein Leben wäre ganz anders verlaufen. Jetzt habe ich Zeit für all die Dinge, die ich liebe, insbesondere meine Musik und meine Rucksackreisen. Ich bin wirklich ein Glückspilz: In meinem Beruf habe ich Kinder um mich, und außerhalb meiner Arbeit kann ich ein Leben ohne Kinder führen.

Ich habe mein Leben voll ausgekostet. Ich lebte im australischen Busch und in Afrika. Ich hatte viele verschiedene Jobs, viele Freunde und erlebte viele Abenteuer. Ich habe wundervolle Landschaften gesehen und neue Erfahrungen gesammelt. Das alles wäre mir bei einem Leben mit Kindern wahrscheinlich nicht möglich gewesen.«

Emily hat Wege gefunden, ihre mütterliche Energie auf eine

produktive Weise in andere Kanäle zu leiten. Dies hat sie jedoch nicht gehindert, nebenher noch ein Leben voller aufregender Abenteuer zu führen. Emily benutzte die finanzielle und sonstige Unabhängigkeit ihres kinderfreien Lebens dazu, diverse Erfahrungen zu machen und sich weiterzuentwickeln. Sie hat die Vorteile eines kinderfreien Lebens genutzt.

Schritt Nr. 10
Auf der Suche nach weiblicher Ganzheit

Die meisten von uns haben ihre Kinderlosigkeit als einen Bruch in ihrem Leben empfunden. Wir wurden dadurch gezwungen, uns unseren unerfüllten Bedürfnissen, unseren Sehnsüchten und offengelegten Verwundbarkeiten zu stellen. Unser innerer Friede und unser Friede mit der Außenwelt wurde gestört. Weil wir kinderlos sind, haben wir das Gefühl, keine vollwertige Frau zu sein.

Besonders in Krisenzeiten suchen viele Menschen nach dem Sinn ihres Lebens. Bei kinderlosen Frauen ist diese Suche oft unentwirrbar mit ihrer Kinderlosigkeit verbunden. Enttäuschungen und Tragödien stellen unsere Erwartungen an das Leben in Frage, genauso wie übernommene Überzeugungen und Werte. Krisen sind immer schwer zu ertragen, aber sie schaffen auch die Voraussetzung für Veränderungen. Ein Status quo, der in Bewegung gerät, läßt auch unsere Abwehrhaltung schwinden, und wir sind eher bereit, Veränderungen in unserer Einstellung und unserem Verhalten vorzunehmen. So gesehen ist Kinderlosigkeit eine Gelegenheit zu persönlichem Wachstum.

Auf der Suche nach weiblicher Ganzheit begeben wir uns auf eine innere Reise, bei der wir lernen, uns selbst zu verstehen und zu schätzen. Wir dringen dabei tief in unser Inneres vor, um bisher ungenutzte Kräfte und Fähigkeiten zu entdecken. Mit deren Hilfe wollen wir uns dann ein erfülltes Leben ohne Kinder schaffen und uns wieder als Frau fühlen.

Warum wir uns nicht als vollständige Frauen fühlen

Die Frage: »Wer bin ich wirklich, abgesehen von den Rollen, die ich spiele?« beschäftigt viele Frauen. Bis zu einem gewissen Grad werden Menschen von sich selbst und von anderen nach den Rollen, die sie in der Gesellschaft spielen, beurteilt. Diese Rollen beschreiben sowohl die Aufgaben, die sie erfüllen, als auch den Status, den sie in der Gesellschaft und besonders auch in der Familie einnehmen. Frauen wurden und werden weiterhin nach ihrem Status innerhalb der Familie beurteilt: Töchter, Ehefrauen, Mütter und Großmütter, das sind die Rollen, in denen Frauen seit Generationen ihre Identität fanden. Erst in letzter Zeit kennt man Frauen auch als Direktorinnen, Journalistinnen, Börsenmaklerinnen, Polizistinnen und Mechanikerinnen.

Das ist zum Teil auch der Grund, warum unsere Kinderlosigkeit uns so sehr bedrückt. Ehefrau und Mutter, das waren die wichtigsten Rollen, die zu spielen man von Frauen erwartete. Fragen sich Frauen mit Kindern: »Wer bin ich?«, und sie fragen sich dies, weil sie sich nicht ausschließlich als Mütter definieren, können sie darauf antworten und tun es auch: »Erstens einmal bin ich Mutter.« Die Mutterrolle ist eine wichtige, wenn auch nicht die vollständige Antwort auf diese Frage. Fragen sich kinderlose Frauen: »Wer bin ich?«, können sie nicht auf die Mutterrolle zurückgreifen.

Sollten Frauen Kinder bekommen? Tief in uns fühlen wir diese Erwartung. Wenn wir es nicht tun oder nicht können, zweifeln wir oft an unserem Wert. Dabei ist die Annahme, daß eine Frau mit Kind mehr wert ist als eine Frau, die keine Kind hat, nicht nur falsch, sondern auch ausgesprochen dumm. Denn wäre es so, müßte man logischerweise sagen, daß eine Frau mit zwei

Kindern mehr wert ist als eine Frau mit einem Kind und eine Frau mit sechs Kindern einen besonders hohen Stellenwert hat. Auch wenn die gesellschaftliche Bestimmung der Frau als Mutter fest in unserem Denken verankert ist, können und sollten wir dieses Denkmuster überprüfen und nicht einfach als eine Tatsache hinnehmen. Ein Teil des Heilungs- und Überwindungsprozesses besteht in dem Erkennen, daß »Frau sein« vieles beinhaltet – Mutterschaft ist nur eine von zahlreichen Möglichkeiten. Wenn wir einsehen, daß unser Wert als Mensch nichts damit zu tun hat, ob wir Kinder haben oder nicht, geben wir uns gewissermaßen die Erlaubnis, kinderlos zu sein.

Dieses Problem mit der Identität zeigt sich noch auf einer anderen Ebene. Denn wir haben nicht nur Schwierigkeiten, unsere Identität als Individuum herauszufinden, es fällt uns auch schwer, die uns angeborene, rein weibliche Denkweise zu erkennen. In allen Bereichen – von der Politik bis zur Architektur – dominiert der Mann. Niemand weiß, was für ein Erziehungs-, Staats- oder Wirtschaftssystem wir hätten, wenn diese aus einer weiblichen Sicht der Dinge entstanden wären. Wir haben wenig andere Richtlinien als diejenigen, die uns durch kulturelle Überlieferung vorgeschrieben sind, und hier wird uns gesagt, was Männer für weiblich halten. Frauen, die bewußt versuchen, die weibliche Denkweise zu erforschen, werden mit Zweifeln und Herablassung konfrontiert.

Wir Frauen sind dazu erzogen worden, unsere Bedürfnisse zugunsten anderer zurückzustellen. Wir wissen mehr über die Bedürfnisse und Wünsche von Kindern, Ehemännern und Eltern als über unsere eigenen. Natürlich kümmern die meisten von uns sich gern um die Menschen, die sie lieben, aber wenn wir das angemessene Gleichgewicht verlieren, besteht die Gefahr, daß unsere eigene Identität an dem Eifer, anderen zu Diensten zu sein, verlorengeht.

Vielleicht fühlen wir uns auch aufgrund bestimmter Erfahrungen unvollständig. Wir spüren noch die Wunden, die uns in der Vergangenheit zugefügt wurden. Das kann bis in die Kindheit und Jugendzeit zurückreichen. Da gab es vielleicht Enttäuschungen in der Liebe oder das Gefühl, nie eine Gelegenheit gehabt zu haben, unsere Intelligenz und Fähigkeiten in der Weise einzusetzen, wie wir uns dies gewünscht hätten. Unser Erwachsenenleben erscheint uns möglicherweise als eine mehr oder weniger große Enttäuschung. Wenn wir diese Verletzungen mit uns herumtragen, fühlen wir uns beschädigt und angeschlagen.

Selbstbestärkung und Selbstbestätigung

In allgemeinen glauben wir Frauen nicht an unsere persönliche Kraft und Stärke. Wir neigen dazu, diese Qualitäten anderen zu überlassen. Mit persönlicher Kraft und Stärke meine ich das Recht und die Fähigkeit – selbst zu entscheiden, was gut für uns ist – zu sagen, was wir zu sagen haben, und unser Leben so zu leben, wie wir uns dies wünschen.

Unsere Erziehung steht uns im Weg, wenn wir versuchen, unser Leben selbst in die Hand zu nehmen und innere Stärke und Selbstvertrauen zu entwickeln. Da man uns gelehrt hat, nett, lieb und zuvorkommend zu sein, fällt es uns schwer, Dinge offen auszusprechen und selbstbewußt und bestimmt aufzutreten. Es wurde uns beigebracht, das Ego der Männer, die in unserem Leben eine wichtige Rolle spielen, nicht in Frage zu stellen. Das ist der Grund, warum es uns schwerfällt – sogar dann, wenn wir uns nach Eigenständigkeit sehnen –, für uns selbst zu sprechen und hart zu bleiben, wenn es nötig ist. Daß Frauen sich oft machtlos fühlen, kommt also nicht von ungefähr.

Wir müssen lernen, uns selbst wichtig und ernst zu nehmen. Wir müssen erkennen, daß unsere eigenen Gedanken, Gefühle und Wünsche genauso wichtig sind wie die der anderen. Wir müssen auf die eigene Bestätigung vertrauen und nicht auf die Bestätigung von außen warten. Wir müssen uns in unserem täglichen

Leben ein neues Verhalten aneignen, das den Glauben in unsere eigene Wichtigkeit reflektiert. Dadurch gewinnen wir unsere persönliche Stärke zurück.

Vorstellungen und positive Bestätigungen üben

Vorstellungen und positive Bestätigungen sind hilfreich bei der Suche nach weiblicher Ganzheit.

Bei Ihrem Versuch, sich Phantasien hinzugeben, sollten Sie eine Zeit finden, in der Sie ungestört sind und nicht unter Zeitdruck stehen. Lesen Sie die Übung erst durch. Dann machen Sie es sich bequem, schließen Sie die Augen und entspannen Sie sich.

– Stellen Sie sich selbst in Situationen vor, die Ihr jetziges Leben widerspiegeln.

– Wie möchten Sie gerne sein?

– Wie würden Sie gerne handeln, und wie würden Sie sich dabei gerne fühlen?

– Erschaffen Sie vor Ihrem inneren Auge die Person, die Sie gerne sein möchten.

– Machen Sie noch weitere Verbesserungen.

– Ändern Sie alles, was Sie ändern wollen, bis Sie zufrieden sind.

– Gehen Sie nun über das Leben, das Sie heute führen, hinaus. Welche Veränderungen hätten Sie gerne?

– Möchten Sie weiterhin dort wohnen, wo Sie jetzt wohnen, oder möchten Sie lieber woanders hinziehen?

– Möchten Sie weiterhin Ihre Arbeit machen, oder würden Sie gerne etwas anderes ausprobieren?

– Wieviel Zeit würden Sie gerne mit anderen verbringen?

– Wieviel Zeit möchten Sie für sich haben?

– Möchten Sie gerne neue Beziehungen knüpfen?

– Was würden Sie bei bestehenden Beziehungen gerne ändern?

– Wie würde Ihre ideale Welt aussehen?

Sie müssen diese Übung regelmäßig wiederholen. Bevor wir etwas verändern können, müssen wir wissen, was wir eigentlich wollen. Wenn wir uns vorstellen, wie wir gerne wären oder welches Leben wir gerne führen möchten, erhält das Ganze Inhalt und Form. So wie ein Schauspieler seine neue Rolle einübt, müssen auch wir neue Rollen einüben.

Bestätigungen sind positive, schriftliche Erklärungen, die, genau wie die Phantasien, eine Realität zeigen, die noch nicht existiert. Erinnern Sie sich an die schriftliche Übung in Schritt Nr. 4: Um Verzeihung bitten. Bestätigungen haben dieselbe Wirkung: Sie formulieren einen Satz und schreiben diesen zwanzigmal auf. Durch die Wiederholung der Erklärung Ihrer Absichten verinnerlichen Sie diese und werden später danach handeln. Sie signalisieren durch Ihre Körpersprache – Erscheinungsbild, Haltung, Gang – sowie durch Ihre Worte und Taten, wie Sie sich selbst sehen. Sobald Sie das neue Bild von sich selbst verinnerlicht haben, werden Sie anders auftreten, und Ihre Umgebung wird entsprechend darauf reagieren.

Fällt es Ihnen schwer, zu glauben, eine der Veränderungen, die Sie in Ihren Phantasien gesehen haben, auch tatsächlich durchführen zu können, beginnen Sie gerade mit dieser Veränderung. Zum Beispiel: Wenn Sie von anderen ausgenutzt werden und sich besser durchsetzen möchten, schreiben Sie folgenden Satz:

Ich, Karin, kann mich durchsetzen und auf mein eigenes Wohl achten.

Wenn Sie in Gesellschaft unsicher sind und gern mehr Freunde hätten, schreiben Sie:

Ich, Theresa, habe viele Freunde, weil ich ein gewinnendes Wesen besitze.

Schreiben Sie den Satz – oder Variationen des Satzes – täglich, bis er ein Teil Ihrer selbst geworden ist.

Wenn Sie die Methode der Phantasien und Bestätigungen (Affirmationen) noch nie ausprobiert haben, kommt sie Ihnen vielleicht wie ein einfaches Wunschdenken vor. Dabei helfen diese Übungen tatsächlich vielen Menschen. Wie wir uns sehen und was wir von uns glauben, das bestimmt zu einem großen Teil unser Auftreten und unser Verhalten. Nehmen Sie Ihre Gefühle, Ihre Gedanken und Ihre Bedürfnisse ernst. Wenn Sie es tun, tun andere es auch.

Sich ein eigenes Leben aufbauen

Um den Verlust und die Enttäuschung, die Kinderlosigkeit mit sich bringt, zu überwinden, ist es enorm wichtig, daß Sie willens sind, sich ein lohnendes eigenes Leben aufzubauen, vorausgesetzt natürlich, Sie haben es noch nicht. *Am besten haben die Frauen ihre Kinderlosigkeit überwunden, die sich ein ausgefülltes, interessantes Leben aufgebaut haben.* Alle Frauen, die in ihrem Heilungsprozeß bereits weit fortgeschritten waren, betonten, wie wichtig es ist, für sich selbst und das eigene Leben etwas zu tun. Von ihnen stammen die folgenden Erkenntnisse:

– »Betrachten Sie das Kapitel ›eigene Kinder‹ für abgeschlossen. Eröffnen Sie neue Kapitel. Wagen Sie neue Erfahrungen, probieren Sie möglichst viel aus.«

– »Warten Sie nicht, bis jemand bei Ihnen an die Tür klopft und Ihnen Hilfe anbietet. Sie müssen für neue Unternehmungen bereit sein.«

– »Ihnen steht dasselbe zu wie Frauen mit Kindern und/oder Ehefrauen. Verzichten Sie nicht auf ein schönes Heim und schöne Ferien, nur weil Ihr Leben anders verläuft als das der meisten Frauen.«

– »Lösen Sie sich aus den Zwängen der gesellschaftlichen Norm.

Sie sind genausoviel wert wie eine Frau mit Kindern. Denken
Sie großzügiger. Geben Sie sich eine Chance.«

– »Das Leben läßt sich nicht im voraus planen. Es gibt so viele
verschiedene Alternativen. Doch jeder sollte zufrieden sein.
Jeder sollte ein Betätigungsfeld für seine Talente bekommen.«

– »Sie haben nur dieses eine Leben. Tun Sie die Dinge, die Ihnen
wichtig sind, die Sie interessieren.«

– »Machen Sie das Beste aus der Gegenwart. So können Sie
sich auf das Positive, das Sie jetzt haben, konzentrieren.«

Wie man sich ein erfülltes Leben gestaltet, ist auch sehr gut in
dem Buch *Playing Ball on Running Water* von David K.
Reynolds beschrieben. Er stellt darin das Tun vor das Denken
und Fühlen. Denn das, was wir tun, und nicht das, was wir tun
möchten, ändert unser Leben.

In der ersten Zeit fragen wir uns, ob wir nun ein Leben lang diesen
Kummer mit uns tragen werden. Das muß nicht sein. Irgendwann überwinden die meisten Frauen ihre Kinderlosigkeit.

»Was habe ich nur für ein Glück«

Die Geschichte von Allison:
Allison, eine zweiundfünfzigjährige Hausfrau, war sechzehn
Jahre ihres Lebens Nonne. Drei Jahre, nachdem sie das Kloster
verlassen hatte, lernte sie ihren jetzigen Ehemann kennen. Allison hätte gern Kinder bekommen, aber früh einsetzende Wechseljahre brachten ihre biologische Uhr plötzlich zum Stehen.
»Ich bin zwar traurig, daß mir diese Erfahrung verwehrt blieb,
aber ich fühle mich deswegen nicht als minderwertig. Ich möchte
mit niemandem tauschen. Kinderlosigkeit bedeutet für mich
nicht das Ende der Welt. Der Wert einer Frau hängt doch nicht
von der Anzahl der Kinder ab, die sie geboren hat.

Ich habe mir selbst ein Geschenk gemacht. In den Jahren, in denen ich viel Zeit und Energie für eine Therapie und für meine Gesundheit aufwandte, habe ich gelernt, was wir alle lernen sollten, nämlich mit Enttäuschung und Leid fertig zu werden. Ich habe gelernt, wie ich innere Stärke gewinnen kann. Mein Seelenleben ist sehr wichtig für mich, und ich versuche, immer Kontakt zu meinem Inneren zu halten. Ich versuche auch, Zugang zum Seelenleben anderer zu bekommen.

Einer Frau, die wegen ihrer Kinderlosigkeit traurig ist, würde ich sagen: Der beste Bildhauer ist derjenige, der den gröbsten Ton nimmt, um daraus etwas Schönes zu schaffen. Die zufriedenen und kreativen Leute sind nicht diejenigen, denen im Leben alles auf dem Silbertablett serviert wurde. Es sind diejenigen, die ihre innere Stärke und das Bewußtsein mobilisieren mußten, daß sie ihr Leben meistern können. Auf diese Weise haben sie aus ihrem Leben ein Kunstwerk geformt.

Jetzt endlich, mit zweiundfünfzig Jahren, habe ich erkannt, daß es herrlich ist, leben zu dürfen. Ich erfreue mich an der Natur und ihrer Schönheit. Ich erfreue mich an Schmetterlingen und Regenbogen, aber auch an jedem Kind, das mir über den Weg läuft. Ich lebe in einer wunderschönen Einöde mit einem über dreitausend Meter hohen Berg hinterm Haus. Vergangene Nacht habe ich mir den glitzernden Himmel angesehen, die Milchstraße und die zuckenden Blitze weit hinten am Horizont. Mein Herz hüpfte vor Freude, und ich sagte mir: Welch ein Glück ich doch habe.«

Wir alle kennen Kummer und Sorgen. Wir alle können aber auch von Allison lernen. Sie hat sich auf die Suche nach der weiblichen »Ganzheit« gemacht und an sich und ihrem Leben gearbeitet. Sie fühlt sich heute als ganze, vollwertige Frau. Sie erfreut sich an der Schönheit der Welt und lebt im Frieden mit sich selbst. Sie findet es herrlich, leben zu dürfen.

»Ich bin zu mir zurückgekehrt«

Die Geschichte von Elizabeth:

Wir haben von Elizabeth bereits im zweiten Teil gehört. Sie erfuhr als junges Mädchen, daß sie keine Kinder bekommen wird. Wir erfahren nun etwas über ihren Heilungsprozeß und ihre Suche nach »Ganzheit«.

»Ich unterziehe mich schon lange einer Psychotherapie. Allmählich beginne ich, meine eigene Lebensgeschichte und die Auswirkungen meiner Unfruchtbarkeit zu begreifen. Früher hatte ich immer das Gefühl, durch irgend etwas meine Kinderlosigkeit ›verdient‹ zu haben und kein Recht auf ein Kind zu besitzen. Dieses Gefühl habe ich nicht mehr, aber nun ist es so, daß ich manchmal nicht mehr sagen kann, was ich fühle. Doch mein Vertrauen, daß ich es herausfinde, wächst.

Heilsam für meinen Minderwertigkeitskomplex erwies sich der Kontakt zu Kindern. Ich habe gelernt, auf sie zuzugehen, und sie haben es mir mit ihrer Zuneigung gedankt. Früher dachte ich immer, Kinder würden vor mir weglaufen. Heute weiß ich, daß ich einen guten Draht zu ihnen habe, daß sie mich genauso mögen wie ich sie. Als mein Neffe mir kürzlich die Arme um den Hals legte und mir zuflüsterte ›Tante Elizabeth, neben Mami und Papi bist du mir die Liebste‹, war ich tief gerührt. Ich glaube, es ist nicht gut, die Gesellschaft von Kindern zu meiden, aus Angst, daß alte Wunden zu schmerzen beginnen. Es tut tatsächlich weh, aber es ist auch heilsam und einfach lebensnotwendig.

Ich habe ein starkes inneres Wertesystem und soziales Bewußtsein. Das gibt mir ein Gefühl innerlichen Wohlbefindens. Ich versuche, immer mehr Herzensgüte zu entwickeln. Davon profitieren nicht nur die anderen, sondern ich auch. Ich erfreue mich an der Schönheit der Welt und an den guten Dingen, die jeder Tag in sich birgt.

Ich bin eine Feministin. Ich kann mich nur auf diese Weise als Frau verwirklichen. Die feministische Literatur hat mir gezeigt, was es heißt, Frau zu sein. Durch diese für mich neuen Perspektiven habe ich neue Überzeugungen gewonnen.

Einer jungen Frau, die dieselben Probleme hat wie ich, würde ich raten, lieb und geduldig mit sich selbst zu sein. Genau das bringe ich mir gerade bei. Und ich würde auch zu einer Therapie raten, denn Kinderlosigkeit ist für niemanden leicht. Doch das Leben ist kurz, und es wäre tragisch, es zu vergeuden, indem man einem Traum nachjagt.

Ich bin von einem Teenager, dem jegliche Hoffnung auf ein Baby genommen wurde, zu einer Frau ohne Kind geworden. Im Laufe dieser Entwicklung habe ich Verzweiflung, Verlust- und Minderwertigkeitsgefühle kennengelernt. Doch ich habe auch an Stärke gewonnen und zu mir selbst gefunden – zu mir, einer, trotz ihrer Kinderlosigkeit, ganzen und vollwertigen Frau.«

Der Heilungs- und Überwindungsprozeß von Elizabeth war lang und mühsam. Sie hat auf ihrer Suche nach Ganzheit einen weiten Weg zurücklegen müssen. Wir erinnern uns: Sie war die Frau, die das Gefühl hatte, mit einem großen Makel behaftet zu sein. Heute sieht sie sich als ganze und vollwertige Frau. Ihre Geschichte zeigt uns, daß der Überwindungs- und Heilungsprozeß lange dauern kann. Vielleicht trifft Elizabeth – und wir – nie am eigentlichen Bestimmungsort ein, aber jeder Schritt auf dem Weg dorthin bringt seine Belohnungen.

Eine lebenslange Suche

Die Suche nach weiblicher Ganzheit erfordert ein lebenslanges Bemühen. Wenn wir innerlich wachsen und uns verändern, lernen wir uns und andere besser verstehen. Dieses neugewonnene Wissen bringt uns mehr Frieden. Wir müssen nicht mehr gegen so viele Windmühlen ankämpfen. Wir können uns an Blumen, am Regen, an Sonnenuntergängen freuen. Doch diese

Ausgeglichenheit und Harmonie kann uns auch wieder entgleiten. Deshalb müssen wir immer wieder innehalten und

– uns überlegen, wer und was wir sind, und durch das Erkennen inneren Frieden finden …

– uns an unserer Innerlichkeit erfreuen, uns eins mit der Natur fühlen …

– unser gewonnenes Wissen schätzen und bereit sein, immer weiter zu lernen …

– uns unsere Einzigartigkeit ins Bewußtsein rufen, ohne unsere Gemeinsamkeiten mit anderen zu leugnen …

– auf ein moralisch einwandfreies Leben achten, keinem anderen einen Schaden zufügen, ohne indes die eigenen Interessen hintanzustellen …

– im unvermeidlichen Auf und Ab des täglichen Lebens nach persönlicher Erfüllung streben …

– uns an jedem Tag erfreuen …

Dies sind die Ziele unserer Suche nach Ganzheit und auch die Ziele unseres Überwindungs- und Heilungsprozesses.

Teil IV
Eine Selbsthilfegruppe gründen

Wir alle wissen, wie tröstlich und wohltuend es ist, wenn wir jemanden kennenlernen, der dasselbe durchlitten hat wie wir. Je mehr wir uns vom Schicksal gebeutelt fühlen, desto stärker ist das Gefühl, daß sogar sensible und mitfühlende Menschen unser Leid nicht wirklich verstehen können. Ist da jedoch jemand, der dasselbe erlebt hat, sagen wir uns: »Ja, sie (oder er) weiß genau, was ich durchmache.« In diesem unmittelbaren Gefühl der gemeinsamen Erfahrung liegt eine der großen Stärken von Selbsthilfegruppen.

Selbsthilfegruppen entstehen, wenn Menschen mit gleichartigen Problemen zusammenkommen in der Absicht, sich gegenseitig zu helfen und zu trösten. Die Gruppen liefern Informationen, geben Unterstützung und Beratung. Wie der Name schon sagt, werden sie normalerweise nicht von einem professionellen Therapeuten geleitet.

In Selbsthilfegruppen werden unsere Gefühle und Erfahrungen respektiert. Wenn andere von ihrem Leid erzählen, erkennen wir, daß unser Verhalten nicht ungewöhnlich oder unnormal ist. Wir Menschen sind oft hart uns selbst gegenüber: Wir werfen uns vor, depressiv zu sein, übertrieben zu reagieren, uns nicht schnell genug wieder zu fangen. Erfahren wir dann, daß andere auch depressiv oder verzweifelt sind, daß andere ihre Verluste und traumatischen Erlebnisse ebenfalls nicht so rasch überwinden, werden wir uns selbst gegenüber geduldiger.

Wir lernen auch mehr über uns selbst. Wenn wir zu erklären versuchen, was wir denken und fühlen, beginnen wir, diese Gedanken und Gefühle zu begreifen. Vergleichen wir uns mit den anderen in der Gruppe, stellen wir fest, daß manche in ihrem Heilungsprozeß schon weiter fortgeschritten sind, während andere noch ganz am Anfang stehen. Die Fortgeschrittenen, von denen wir lernen, welche Schritte wir noch zu gehen haben, wecken in uns die Hoffnung, daß auch unsere Zukunft bald heller aussehen wird. Denjenigen, die noch ganz am Anfang stehen, dienen wir als Leitstern, und sie zeigen ihrerseits uns, wie fortgeschritten wir schon sind.

Vielleicht haben Sie das Glück, eine bereits bestehende Gruppe von Frauen, die nie Mütter sein durften, zu finden. Falls nicht, überlegen Sie sich, ob Sie eine solche Gruppe gründen wollen. Sie würden damit nicht nur sich selbst, sondern auch anderen Frauen helfen.

Interessierte Frauen finden

Wenn Sie eine Selbsthilfegruppe gründen wollen, müssen Sie als erstes Frauen ausfindig machen, die sich für eine solche Gruppe interessieren. Das dürfte nicht so schwierig sein, wie es sich anhört.

Frauen, die Sie persönlich kennen

Als ich mich entschloß, dieses Buch zu schreiben, machte ich als erstes eine Liste aller kinderlosen Frauen, die ich persönlich kannte. Es wurde eine lange Liste. Einige dieser Frauen waren vielleicht gewollt kinderlos geblieben, aber die Mehrzahl, so nahm ich an, wäre wohl gerne Mutter geworden. Ich wandte mich an diese Frauen und bat sie um ein Interview. Die meisten erklärten sich einverstanden.

Machen auch Sie eine Liste der kinderlosen Frauen, die Sie kennen. Auf diese Weise werden Sie sicherlich Frauen aus Ihrem Umfeld finden, die Interesse an einer Gruppe haben.

»Mund-zu-Mund-Propaganda«

Ich kann Ihnen versichern, daß fast jeder jemanden kennt, der kinderlos ist. Sobald ich irgendwo (z. B. auf Partys, in der Arztpraxis oder beim Einkaufen etc.) erwähnte, daß ich ein Buch über Frauen schreibe, die gern Mutter geworden wären, sagte mit Sicherheit jemand: »Oh, meine Schwester (Tochter, Kusine, Nachbarin, Kollegin) wollte auch so gerne ein Kind haben und hat keines bekommen«, oder: »Ich weiß, wie schlimm das ist, denn ich habe eine Freundin …« Erzählen Sie den Leuten, daß Sie die Absicht haben, eine Gruppe zu gründen, und fragen Sie, ob sie jemanden kennen, der interessiert sein könnte. Sicherlich werden Sie auf diese Weise einige Teilnehmerinnen finden.

Frauenbuchläden
Gehen Sie in Frauenbuchläden und sprechen Sie dort mit den Angestellten. Fertigen Sie Handzettel an und fragen Sie, ob Sie diese auslegen oder, falls vorhanden, an einer Informationstafel anbringen dürfen.

Lokalzeitungen
Fragen Sie einen Redakteur, ob er nicht Interesse hätte, einen Artikel über die Gruppe, die Sie gründen möchten, zu schreiben. Oder geben Sie in der Zeitung eine Kleinanzeige auf. Letzteres war bei mir sehr erfolgreich, als ich Frauen für meine Interviews suchte.

Frauenarzt-Praxen
Beginnen Sie bei Ihrem eigenen Frauenarzt. Fragen Sie die Angestellten, ob Sie Handzettel im Wartezimmer auslegen oder am Informationsbrett anbringen dürfen. Lassen Sie sich die Adressen von Frauenärzten geben, die auf Fruchtbarkeitsbehandlungen spezialisiert sind, und tun Sie dort dasselbe.

Frauenzentrum
In den meisten Städten und auch an Universitäten gibt es solche Zentren als Treffpunkt für Frauen. Das Informationsblatt der Frauenzentren informiert eine große Leserschaft über die verschiedenen Selbsthilfegruppe.

Praktische Überlegungen

Wenn Sie Teilnehmerinnen für Ihre Gruppe gefunden haben, müssen Sie einige gemeinsame Überlegungen anstellen. Es ist besser, über manche Dinge im voraus zu diskutieren und eine Entscheidung zu treffen, als allem einfach seinen Lauf zu lassen. Änderungen können später immer noch vorgenommen werden.

Braucht die Gruppe eine Leiterin?

Vielleicht möchten Sie, daß immer wieder jemand anderer die Gruppe leitet. In Gruppen wird oft viel kostbare Zeit verschwatzt. Eine Leiterin kann die Teilnehmerinnen dann wieder dazu bringen, sich auf die eigentlich zu leistende Arbeit zu konzentrieren. Sie kann auch eingreifen, wenn eine oder mehrere Teilnehmerinnen das Gespräch dominieren. Es ist einfacher und weniger unhöflich, wenn jemand mit Befugnis eine Dauerrednerin unterbricht und versucht, andere ebenfalls in die Diskussion mit einzubeziehen.

Wenn die Gruppe sich für eine Leiterin entscheidet, denken Sie daran, daß der Sinn einer Selbsthilfegruppe der gegenseitige Austausch der Teilnehmerinnen ist. Von der Leiterin wird nicht erwartet, daß sie die Rolle der Therapeutin übernimmt.

In Therapiegruppen suchen die Teilnehmerinnen professionelle Hilfe bei ihren Problemen. Der Therapeutin wird aufgrund ihrer Ausbildung und Erfahrung eine übergeordnete Position in der Gruppe gewährt. Von der Leiterin einer Selbsthilfegruppe hingegen wird nicht erwartet, daß sie sich von den anderen abhebt, ihre Funktion ähnelt eher der einer Managerin.

Wo soll sich die Gruppe treffen?

Die Gruppe kann sich abwechselnd in den Wohnungen der Teilnehmerinnen treffen oder an einem neutralen Ort. Privatwohnungen bieten eine gemütlichere Atmosphäre, aber manche Teilnehmerinnen wollen vielleicht nicht, daß andere in ihre Wohnung kommen oder haben schlicht nicht genug Platz für eine größere Gruppe. Falls Sie einen neutralen Ort vorziehen, wenden Sie sich am besten an Kirchengemeinden oder Bibliotheken. Diese stellen oft Räume kostenlos oder gegen eine kleine Gebühr zur Verfügung.

Wie oft soll man sich treffen?

Je öfter die Gruppe sich trifft, um so rascher wird sich ein Zusammengehörigkeitsgefühl entwickeln. Trifft man sich nur unregelmäßig, vielleicht einmal im Monat, ist es besonders in der Anfangszeit schwierig, den Faden wiederaufzunehmen. Andererseits ist eine wöchentliche Zusammenkunft bei dem vollen Terminkalender, den viele heute haben, unter Umständen nicht durchführbar.

Wie lange sollen die Zusammenkünfte dauern?

Die Größe der Gruppe bestimmt bis zu einem gewissen Grad die Dauer der Zusammenkunft. Bei mehr als drei oder vier Teilnehmerinnen wird eine Stunde kaum ausreichen. Zwei Stunden wiederum können selbst bei einer größeren Gruppe zu lang sein. Die Teilnehmer von Gruppentreffen und Therapiesitzungen neigen nämlich dazu, heikle Themen zu vermeiden und sich statt dessen über Unverfängliches zu unterhalten, bis die Zusammenkunft ihrem Ende zugeht. Dann wechseln sie plötzlich das Thema und kommen auf das zu sprechen, was ihnen eigentlich am Herzen liegt. Wenn Sie also zuviel Zeit ansetzen, könnte es sein, daß ein großer Teil vergeudet wird.

Sollen noch weitere
Teilnehmerinnen aufgenommen werden?

Sobald sich eine Gruppe gebildet hat, müssen Sie sich überlegen, ob Sie noch neue Teilnehmerinnen aufnehmen oder nicht. Neue Teilnehmerinnen bringen zwar frischen Wind in eine Gruppe, aber sie unterbrechen auch – zumindest eine Zeitlang – den Zusammenhalt und das Gleichgewicht der bestehenden Gruppe. Es gibt keine ideale Gruppengröße. Zwei oder drei Teilnehmerinnen sind vielleicht zuwenig, besonders dann, wenn eine Teilnehmerin fehlt. Bei einer größeren Gruppe von zehn oder zwölf Teilnehmerinnen besteht die Gefahr, daß nicht alle, die es gern möchten und es auch nötig hätten, zu Wort kommen.

Wie lange soll die Gruppe bestehenbleiben?

Die Teilnehmerinnen können sich auf eine begrenzte Dauer, von sagen wir einmal zehn oder zwölf Zusammenkünften, einigen. Es ist aber auch möglich, die Gruppe solange fortbestehen zu lassen, wie die Mitglieder das Gefühl haben, davon zu profitieren. Eine Gruppe, die ein bestimmtes Ziel verfolgt, ist natürlichen Abnützungserscheinungen unterworfen, je weiter die Teilnehmerinnen in ihrem Heilungsprozeß fortschreiten. Deshalb ist es für eine Gruppe, die längere Zeit besteht, von Vorteil, wenn neue Teilnehmerinnen aufgenommen werden.

Ist eine Bewirtung erwünscht?

Da Essen und Trinken für viele Menschen etwas Tröstliches und Beruhigendes hat, kann eine einfache Bewirtung den Teilnehmerinnen über ihre anfängliche Verlegenheit hinweghelfen und sie in eine ungezwungenere Stimmung versetzen. Sollte sich Ihre Gruppe also für eine Bewirtung entscheiden, gibt es folgende Möglichkeiten: Die Teilnehmerinnen übernehmen abwechslungsweise die Bewirtung; jede bringt für sich selbst etwas mit; ein Mitglied erklärt sich bereit, die Bewirtung zu übernehmen und erhält von den anderen die Unkosten erstattet. Alkohol – auch Wein – sollte nicht angeboten werden, denn Alkohol benebelt die Sinne und beeinflußt die Stimmung, und das würde dem gesetzten Ziel der Gruppe entgegenwirken.

Gruppendynamische Kräfte

Vertraulichkeit

Eine Frau wird nur dann ihr Herz ausschütten und ihre geheimsten Gefühle offenbaren, wenn sie sicher sein kann, daß nichts davon nach außen getragen wird. Deshalb ist Vertraulichkeit ein wichtiges Gebot in der Gruppe und muß von allen eingehalten werden.

Meine Erfahrung mit Gruppen hat jedoch gezeigt, daß die Teilnehmerinnen, gerade weil die Gruppe ihnen soviel bedeutet, mit ihnen Nahestehenden darüber sprechen wollen. Ein Weg, auch in diesem Fall die Vertraulichkeit zu wahren, ist die Vereinbarung, nie Namen, Beruf oder sonstige identifizierende Details von Gruppenmitgliedern preiszugeben. Man sollte also nicht sagen: »Patricia Ellington, die bei der Post arbeitet, erzählte uns, daß ...«, sondern: »Eine Frau in der Gruppe erzählte uns, daß ...« Für was Sie sich auch entscheiden, es ist wichtig, daß alle Teilnehmerinnen von Anfang an genau verstehen, was mit Vertraulichkeit gemeint ist, und sich einverstanden erklären, diese strikt einzuhalten.

Teilnehmerinnen, die sich nicht mitteilen können

Es gibt Menschen, die in einer Gruppe scheu und gehemmt sind und nicht gern etwas über sich selbst erzählen. Auch wenn die Teilnehmerinnen der Gruppe sich darauf einigen – und das werden sie wahrscheinlich auch tun –, daß jede Frau über ihre Kindheitserfahrungen berichtet, sollte auf die Eigenheiten einzelner Rücksicht genommen werden. Manchen Menschen wird geholfen, wenn sie reden und erzählen können, anderen, wenn sie zuhören und etwas aufnehmen können.

Persönliche Verantwortung

In der Gruppe sollte niemand gedrängt werden, seine Gefühle preiszugeben. Es kann zu einer bestimmten Zeit gut sein, wenn man einer Frau hilft, ihre innersten Gefühle zu offenbaren. Ist die Frau jedoch noch nicht dazu bereit, schadet es mehr, als daß es nützt. In der Gruppe bekommt eine Frau viel Unterstützung und Verständnis, doch wenn sie dann nach Hause geht, gibt es vielleicht niemanden, der sie stützt und ihr hilft, sich mit den bloßgelegten Gefühlen auseinanderzusetzen. Eine Gruppe ist nur dann hilfreich, wenn sich alle sicher fühlen. *Jede Frau muß wissen, daß sie allein entscheiden kann, wann und auf welche Weise ihre eigenen Probleme behandelt werden sollen.*

Gruppen sind am erfolgreichsten, wenn die Teilnehmerinnen über ihre Verantwortung Bescheid wissen. Jede Frau ist für sich selbst verantwortlich: Für ihren eigenen Heilungsprozeß und daß sie das, was sie braucht, von der Gruppe erhält. Niemand kann oder soll entscheiden, was für andere gut ist, auch wenn dies in der besten Absicht geschieht. Wer sich übertrieben um andere kümmert, weicht seinen eigenen Problemen aus.

Vermeiden Sie es, andere zu beurteilen und ihnen Vorwürfe zu machen. Das ist nicht hilfreich! Wenn Sie sich über andere eine Meinung bilden – und das wird wahrscheinlich der Fall sein –, sollen Sie zwar ehrlich sein, sich aber genau überlegen, *wie* Sie etwas sagen. Statt zu sagen: »Du verleugnest deine Gefühle, du läßt dich nur von der Vernunft leiten« – ein Vorwurf, der die andere Person in die Defensive drängt –, sollten Sie versuchen, die hinter den Worten versteckten Gefühle zu erraten, um dann in mitfühlendem, ruhigem Ton zu sagen: »Das hört sich an, als ob …« Denken Sie daran, die Gruppe ist dazu da, Unterstützung und Hilfe anzubieten.

Selbsthilfegruppen leisten sehr viel Gutes. Sie sind in den letzten Jahrzehnten wie Pilze aus dem Boden geschossen, da sich erwiesen hat, daß die Unterstützung einer Gruppe einer der besten Wege ist, Menschen bei persönlichen Problemen zu helfen. Wenn wir wissen, daß wir nicht allein sind, finden wir die Stärke, unseren Ängsten entgegenzutreten und unseren Kummer zu besiegen. Wir bringen dann den Mut auf, uns ein besseres Leben zu schaffen.

Fragebogen

Ich danke für Ihre Bereitschaft, an dieser Studie teilzunehmen. Ich bin Sozialarbeiterin und sammle Material für ein Buch über kinderlose Frauen, die gern Mutter geworden wären. Kinderlosigkeit ist für viele Frauen ein Problem, dennoch wird es in unserer Gesellschaft kaum wahrgenommen. In meinem Buch möchte ich von der Enttäuschung, vom Leid und vom Heilungsprozeß bei Kinderlosigkeit berichten.

Ich werde alles, was Sie mir mitteilen, strikt vertraulich behandeln. Alle Namen und identifizierenden Details werden in dem Buch abgeändert.

Ich möchte gern, daß Sie mir mit Ihren eigenen Worten schildern, was Ihnen Kinderlosigkeit bedeutet hat und noch bedeutet. Nicht alle Fragen werden auf Sie zutreffen, und nicht alle Fragen müssen beantwortet werden.

Grundsätzliche Informationen über Ihre gegenwärtige Situation

Alter. Bildung. Berufstätigkeit. Familienstand. Mit wem leben Sie? Gesundheit. Hobbys. Geselligkeit. Zufriedenheit mit dem Leben im allgemeinen. Was Sie sonst noch für wichtig erachten.

Frühe Erfahrungen und Einflüsse

Wo sind Sie aufgewachsen?
Wie viele Geschwister haben Sie?

Wie war die Beziehung zu Ihrer Mutter? Ihrem Vater? Ihren Großeltern?

Ihr Kinderwunsch

Haben Sie schon früh davon geträumt, Kinder zu bekommen?
Haben Sie immer angenommen, einmal Mutter zu werden?
Was hat es Ihnen bedeutet, ein Kind zu bekommen?
Wie sehr haben Sie sich nach einem Kind gesehnt?

Ihre Kinderlosigkeit

Wie kam es, daß Sie kein Kind bekommen haben?
Was hat es für Sie bedeutet?
Wie empfinden Sie Ihre Kinderlosigkeit? Leiden Sie sehr darunter? Ständig? Ab und zu?
Was ist/war das Schlimmste an Ihrer Kinderlosigkeit?
Wie sind Sie damit umgegangen?
Haben Sie mit anderen über Ihre Situation gesprochen?
Was, wenn überhaupt etwas, hat Ihnen geholfen, Ihre Kinderlosigkeit zu überwinden?

Soziale Aspekte

Sind Sie von anderen unter Druck gesetzt worden (oder werden Sie unter Druck gesetzt) wegen Ihrer Kinderlosigkeit?
Haben Sie sich selbst die Schuld gegeben? Anderen? Hat man Sie beschuldigt?
Finden Sie, daß kinderlose Frauen in der Gesellschaft weniger anerkannt sind?

Wie reagieren Sie auf die Frage: »Haben Sie Kinder?«
Falls Sie verheiratet sind oder in einer Partnerbeziehung leben,
wollte Ihr Mann oder Ihr Partner Kinder?
War die Religion ein wichtiger Faktor für Sie?
Haben Sie eine Adoption in Erwägung gezogen?

Ihre gegenwärtige Beurteilung der Situation

Wenn Sie zurückschauen …
Haben Sie immer noch ein Gefühl von Verlust?
Was, glauben Sie, ist Ihnen entgangen?
Sind Sie heute froh, daß Sie kinderlos sind? (Manchmal? Immer?)
Welches ist Ihre Entschädigung (falls überhaupt) für Ihre Kinderlosigkeit?
Welchen Rat würden Sie einer jungen Frau geben, die ungewollt kinderlos ist und Schwierigkeiten hat, damit fertig zu werden?
Können Sie in einem Satz Ihre Gefühle als kinderlose Frau beschreiben? Wie lautet dieser Satz?

Nochmals vielen Dank für Ihre Bemühungen. Sie haben mir sehr geholfen.

Literaturverzeichnis

Burgwyn, Diana: Marriage Without Children. New York: Harper Colophon Books, Harper & Row, 1981.

Eagle, Brook Medicine. In Jane English: Childlessness Transformed: Stories of Alternative Parenting. Mount Shasta CA: Earth Heart, 1989.

Fallaci, Oriana: Brief an ein ungeborenes Kind. Fischer Taschenbuch Verlag, 1988.

Flinn, Teri: »Taps in the Cabbage Patch.« In Ellen Sarasohn Glazer und Susan Lewis Cooper: Without Child: Experiencing and Resolving Infertility. Lexington, MA: Lexington Books, 1988.

Frankl, Viktor E.: Der Mensch vor der Frage nach dem Sinn. Piper Verlag, 1979.

Gibran, Kahlil: Der Prophet. Walter Verlag, 1982.

Kushner, Harold S.: Wenn guten Menschen Böses widerfährt. Tomus Verlag, 1983.

Lerner, Harriet Goldhor: Das mißdeutete Geschlecht. Kreuz Verlag, 1991.

Love, Vicky: Childless is Not Less. Minneapolis, MN: Bethany House, 1984.

Miller, Jean Baker: Die Stärke weiblicher Schwäche. Fischer Taschenbuch Verlag, 1988.

Pies, Cheri: Considering Parenthood: A Workbook for Lesbians. San Francisco: Spinsters/Aunt Lute, 1985.

Reynolds, David K.: Playing Ball on Running Water. New York: Quill, 1984.

Sher, Barbara, with Annie Gottlieb: Wishcraft: How to Get What You Really Want. New York: Ballantine, 1979.

Stigger, Judith A.: Coping with Infertility: A Guide for Couples, Families, and Counselors. Minneapolis, MN: Augsburg, 1983.

Register

LEBENSHILFE
PSYCHOLOGIE

John Bradshaw
Wenn Scham krank macht

Ein Ratgeber zur Überwindung von Schamgefühlen

LEBENSHILFE
PSYCHOLOGIE

(84003)

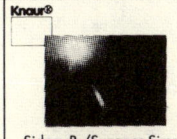

Sidney B. / Suzanne Simon
Verstehen Verzeihen Versöhnen

Wie man sich selbst und anderen vergeben lernt

LEBENSHILFE
PSYCHOLOGIE

(84005)

Claude Bonnafont
Die Botschaft der Körpersprache

Körpersignale erkennen und deuten

LEBENSHILFE
PSYCHOLOGIE

(84029)

Sue Patton Thoele
Bis hierhin und nicht weiter

Wie Frauen lernen, sich selbst zu behaupten

LEBENSHILFE
PSYCHOLOGIE

(84020)

Walter Kindermann
Drogen

ABHÄNGIGKEIT, MISSBRAUCH THERAPIE

Ein Handbuch für Eltern

LEBENSHILFE
PSYCHOLOGIE

(84013)

Robert Bly
EISEN HANS

Ein Buch über Männer

LEBENSHILFE
PSYCHOLOGIE

(84017)

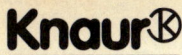
Knaur

Körper und Seele

Knaur

Martin Gessler
Doro Kammerer
**Die Botschaft
des chronischen
Schmerzes**
Verstehen – Behandeln – Überwinden

(82051)

Knaur

Ingrid Olbricht
**Alles
psychisch?**
Der Einfluß der Seele
auf unsere Gesundheit

LEBENSHILFE
PSYCHOLOGIE

(84014)

Knaur Sachbuch

Barbara Hannah
**Begegnungen
mit der Seele**

Aktive Imagination –
der Weg zu Heilung und
Ganzheit

(4023)

Knaur

Dr. Redford Williams
Herzvertrauen
DER INFARKT
Ursachen und Vorbeugung

(7914)

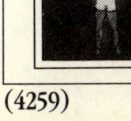

Knaur Heilen

Joan Borysenko
**GESUNDHEIT
IST LERNBAR**
Hilfe zur Selbsthilfe

(4259)

Knaur Heilen

Larry Dossey
**Wahre
Gesundheit
finden**
Krankheit und Schmerz aus
ganzheitlicher Sicht

(4272)

Eltern und Kinder

Marion Rollin
Typisch Einzelkind

Das Ende
eines Vorurteils

LEBENSHILFE
PSYCHOLOGIE

(84004)

Teri Degler/Yvonne Kason
**Liebe, Grenzen,
Konsequenzen**

Erziehung mit Herz
und Disziplin

LEBENSHILFE
PSYCHOLOGIE

(84012)

Hubertus
von Schoenebeck
**Unterstützen
statt erziehen**

Die neue
Eltern-Kind-Beziehung

LEBENSHILFE
PSYCHOLOGIE

(84019)

Arlie Hochschild
Anne Machung
**Der 48-
Stunden-Tag**

Weg aus dem Dilemma
berufstätiger Eltern

LEBENSHILFE
PSYCHOLOGIE

(84015)